母子生活支援施設の研究

—高機能化・多機能化をめざして—

横井　義広

文化書房博文社

はしがき

　2016年の秋、ルーテル学院大学の大学院博士前期課程への入学を考えているという人からの連絡が入りました。日時のお約束をして、あらわれたのが横井義広さんでした。

　横井さんは、母子生活支援施設の施設長という立場にありつつ、「母子生活支援施設の効果を明らかにする研究をしたい」という明確な目標を持っておられました。私は、横井さんには是非大学院に入学いただき、母子生活支援施設のすばらしさ（意義や効果）を何らかの形で世に示していっていただくようになればいいなと思ったことを今でも覚えています。

　ルーテル学院大学大学院の博士前期課程は、現場の中堅～ベテランのソーシャルワーカーばかりが通う大学院なので、横井さんも他の院生仲間と刺激しあいながら、研究をすすめていかれました。常に謙虚な姿勢を保ち、どんどん新たな学びを吸収されていく様子がみてとれました。大学院のカリキュラムは、現場の人向けに設計されたものであるとはいえ、施設長という重責を担い、都レベル・全国レベルの母子生活施設協議会（部会）の役割も担いつつ、毎週のように、木曜、金曜の夜と土曜日丸一日大学院に通学することは大変だったろうと思います。土曜日のゼミでは、毎週、研究・仕事・プライベートな生活等に関して印象的なことを短く報告しあいます。横井さんの報告から、母子生活施設で、毎週のように予測もしないできごと、時には緊迫するできごとが生じること、そして、そのような出来事に対してひとつ一つ丁寧に部下とともに共にチームで取り組んでいる様子が伝わってきていました。一方、地域の人と協力しながら母子生活支援施設の多機能化に向けて意欲的な取り組みを進めて

いることも伝わってきていました。

　母子生活支援施設の入所の「効果」を明らかにしたい、という横井さんののぞみについて、当初から私は、社会福祉のサービスは多種多様な要素が影響し、からまりあっていること、また、サービスは単純なものではなく、かつ、サービス内容ごとに程度や頻度が異なるため、施設入所の「効果」検証は難しいとお伝えしていました。また、「効果」を測るとしても、測る内容や測り方を精査し工夫しないと、思うような結果を得るのは難しいと説明していました。そのような背景もあり、横井さんが学位論文のために実施した調査は、意味あるものでしたが、必ずしも横井さん自身が望んだような「大々的な効果」を明確にするものとはならなかったかもしれません。しかし、母子生活支援施設に入所されている人たちが「受けている」と認識しているサービスへの評価が極めて高いこと。そして、「仕事を探したり、継続するための支援」や「子どもの急な病気や病後に関する支援」を受けたと認識している入所者は、抑うつの程度が有意に低い（つまり、メンタルの状態が良い）という結果が得られました。これは、子育て中のお母さんたちが母子生活支援施設で受けている支援を高く評価していることと、支援を受けたと認識したお母さんたちのメンタルヘルスの状態が良い状態であることについての科学的根拠といえる結果でした。

　私自身、1990年代から細々と母子生活支援施設との関わりを続けてきました。母子生活支援施設は、世界的にみても珍しい形態の「入所」施設です。全国に約200施設あり、常に数千人の親子（母子）が生活をして、職員から支援を受けています。社会で最も弱い立場に置かれがちな女性と幼い子どもが、家族単位で支援を受ける場所。人生で最も大変な時期に貴重な「やどり木」を得て、その後の生活の立て直しを図ることができる場所。それが母子生活支援施設。文献はとても少なく、学術的な視点も実践的な内容も兼ね備えた書籍は極めて限られていました。

　今般、横井さんが本書をまとめると知り、できあがるのを心待ちにしました。

本書を拝読し、横井さんが、政策動向と学問と実践を統合し、積極的に世の中へ母子生活支援施設の取り組みや意義を発信していること、発信しようとしていることがよくわかりました。純粋で前向きな「想い」があるからこそできることと思います。横井さん、これからも、母子生活支援施設のためにがんばってください。

　2023年　晩夏

　　　　　　ルーテル学院大学　大学院研究科長、教授　福島　喜代子

はじめに
今なぜ母子生活支援施設の高機能化・多機能化なのか

　筆者は元々、長く児童養護施設に働いていたが、縁があって母子生活支援施設の施設長になってかれこれ10年を超えた。その間、東京都社会福祉協議会母子福祉部会（都内32施設で構成されている、2024年時点）に所属して、部会活動や全国社会福祉協議会全国母子生活支援施設協議会等の活動を通して、母子生活支援施設の現状（約200施設に減っていること等、2024年現在）に触れた。その中で多くの先輩施設長等と話し合い、母子生活支援施設の現状の危機感と、併せて母子生活支援施設の可能性も感じてきたのである。できるところからということで、まずは自施設の機能強化を進めた。まずは、施設内に無料塾の開設、その2年後に産前・産後母子支援の試行を始めた。ここまでは、先行施設のある意味真似であった。その後、看護師の採用、自立支援担当職員の業務の試行、産前・産後母子支援の深化等、先行事例があまりない中で職員と共に高機能化・多機能化の形を模索してきた。この著作は、職員と一緒に歩んできた道程である。しかし、その道筋はまだ未開拓であり不十分であるが、今後母子生活支援施設が進むべき可能性のひとつを提示できたら、筆者としては望外の喜びである。

　本書の構成は、第1章で母子生活支援施設の現状を説明し、第2章では、求められる母子生活支援施設の機能と役割について述べている。第3章では、本書の中心的内容である高機能化・多機能化について言及している。第4章では、地域支援を行うための多機能化について具体的に述べている。第5章から第8章は、高機能化・多機能化の事例について紹介している。第9章は、筆者の属している施設であるリフレここのえの実践について述べている。第10章

は、筆者がルーテル学院大学の大学院の時に執筆した修士論文を抄録という形で載せている。最後の第11章は、内容的には、本文と重複するのだが、筆者の考える「提言案」を述べている。

目　　次

第 1 章　母子生活支援施設の現状

第 1 節　母子生活支援施設の現状

　母子生活支援施設は、児童福祉法第38条により「配偶者のない女子又はこれに準ずる事情にある女子及びその者の監護すべき児童を入所させて、これらの者を保護するとともに、これらの自立の促進のためにその生活を支援し、あわせて退所した者について相談その他の援助を行うことを目的とする施設とする」と定められた児童福祉施設である。社会的養護施設は子どものみ支援をする施設が多いが、親子を分離しないで、18歳未満の子どもを養育しているシングルマザーが入所している点が特徴である。

　母子生活支援施設は現在全国に200施設あり（稼働中施設のみ）全国母子生活支援施設協議会（以下、全母協）によると、2,707世帯が入所しており、子どもは4,421人が生活している。1960年には全国で650施設ほどあったが（林1992）、現在では 3 分の 1 以下程度まで減少しており、なお微減が続いている。入所理由の内訳は、「夫などの暴力」が全入所者の56.9％、「住宅事情」が15.1％、「入所前の家庭環境の不適切」が9.5％、「経済事情」が8.9％、「母親の心身の不安定」が5.2％、「児童虐待」が1.9％、「職業上の理由」が0.1％、及び「その他」が2.4％になっている（全母協2023）。また、何らかの「障害のある母親等」が入所している施設の割合は81.9％（筆者注：177施設、200施設中）で、1,147人であり（筆者注：2,707人中）、入所している母親の42％は障害を抱えており、1 施設平均では6.5人である。平成18年度調査を100とすると、令和 4 年度調査は、170.9となっている。さらに、障害の内訳は、「精神障害（受診者含む）」

が28.5％（770人）、「知的障害（可能性を含む）」が9.3％（254人）、「身体障害（可能性含む）」が1.4％（26人）である。法的には入所期間は設けられていないが、2年未満が入所世帯全体の56.8％、3年未満だと71.6％になっている（全母協2023）。また、母親等が外国籍の世帯は入所世帯全体の6.9％であった（全母協2021）。

第2節　母子生活支援施設の機能

　厚生労働省（2011）「社会的養護の課題と将来像」には、「母子生活支援施設の機能は、母親に対しては、生活支援、子育て支援、就労支援をはじめ、心のケアや自己肯定感の回復を支援する等総合的に自立を支援する。子どもに対しては、生活や学習の基盤を再構築し、心のケアをし、安心できる『おとなモデル』を提供する。また、親子関係へ危機介入して、母子分離をせずに、児童虐待の予防をする。親子が分離となっていた場合には、母子生活支援施設で再統合の支援もする。さらに、退所した母子家庭や、地域で生活する母子家庭に対し、ショートステイや相談等、アフターケアと地域支援も行う」とある。国はさらに、地域に開かれた施設として、妊娠期から産前・産後のケアや親子関係再構築など専門的なケアを提供できる機関となることを求めている（厚生労働省2017）。建物は、マンションのような個別のスペースで生活ができ、また共有スペースのある施設では、相談室、保育室、学習室、心理療法室等がある。

　筆者は、支援を行うにあたり、入所する母親と子どもをどう認識するのかが重要であると考えている。すなわち、入所する母親は「3つの傷つき」があると考えている。それは、①DVによる傷つき、②母親自身がきちんと育てられていないということ（須藤2007）、③子どもを産み、離婚したこと等、母に向けられた社会一般の「自己責任論」である。母親には、これら3つの傷つきを

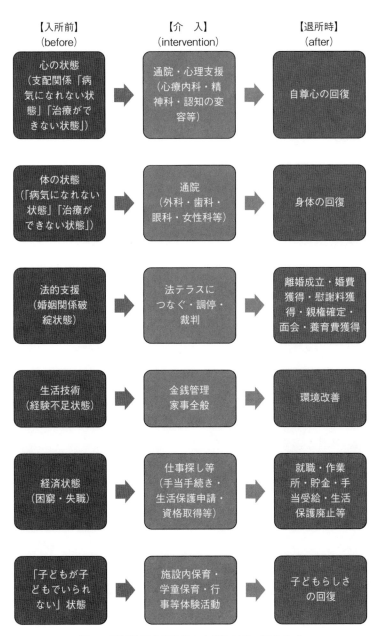

図1　母子生活支援施設の支援と効果　筆者作成

しているという前提で支援を行うことが重要であると考えている（横井2020）。また、子どもたちは、夫婦間の暴力を目撃し、心理的な虐待をうけた子どもたちもいる。そこで、「３つの傷つきを持った母親」、「子どもが子どもでいられなかった子ども達」という認識をもった上で支援を行うことが支援の前提であると考えている。

　具体的には、心理的・身体的に治療が必要な母子には通院や心理治療を行う。また、離婚に伴う調停や裁判の手続きが必要な場合は、弁護士等につないで法的な支援を行う。元の家族からきちんと育てられた経験のない母親には、施設で日常の掃除、洗濯、ご飯作り、子どもとの関わり方等の基本を職員から学ぶ。さらに、高校中退や仕事がない場合は、再度教育機会を得るための訓練校や高校等の学び直しの支援をしたり、就労支援を行う。子どもに対しては、施設内の保育や学童保育等を行う。

　母子生活支援施設に入所する意味とは何か。夫やパートナーからDVを受け、心身ともに支配されていた母親にとっては、施設と出会い安全が守られながら「自分の納得した人生に出会えること」、子どもにとっては、虐待的ではない関わりをしてくれる大人の存在に気づき、学習や行事等を通して、「子どもらしさを取り戻す」過程であると考えている。

　図1は、母子生活支援施設の支援と効果を表したものである。入所前の状況を「before」として、例えば入所前のDV等を受けた母親の心の状態は、「支配関係にあり、病気になれない状態」であると考える。次に介入として「intervention」はすなわち母子生活支援施設の支援のことである。通院・心理等支援によって、退所時「after」として「自尊心の回復」がなされるということを表現している。

第 3 節　ドメスティック・バイオレンスの影響と治療

　Domestic Violence（家庭内の暴力及び攻撃的行動、以下 DV）の被害を受けると心身に様々な症状があらわれる。具体的には、「精神的ストレスで身体の不調が続いている」、「男性に対する恐怖感を持つ」、「私は殴られるほどつまらない人間なのか」など自分への自信をなくしてしまう女性も少なくないと言われる（「夫（恋人）からの暴力」調査研究会編1998）。深刻な負傷や恐れの体験は、フラッシュバックや回避・麻痺（トラウマに関連したことを避けようとする）、睡眠障害や怒り等の感情のコントロールがうまくいかなくなるなど日常生活を送ることが困難になってくる。これらの症状は、「外傷後ストレス障害（PTSD）」と呼ばれる（村本2001）。母子生活支援施設入所中の DV 被害の母親を対象にした調査では、「 8 割近くに PTSD の可能性が認められた」という結果がでている（下村・川崖2009）。

　DV 被害等を受けた母親は、自己決定することを剥奪されてきたことが多い。そのため施設生活では、小さなことから自分で決めていくことを経験することを心がける。生活の中で安心して “失敗という名の経験” をしていく。また、入所当初の母親は、引越し、手続き、学校のことや保育園のことで手一杯な状態である。 2 ～ 3 か月すると不調を訴えてくる母親がいる。いままで病気の治療や、病気にすらなれなかった。「やっと病気になれたね。体と心の治療をしましょう」と伝える。入所 1 年もすると、「施設は窮屈」など言い始める。職員は、母親に「良かったね。だいぶエネルギー貯まってきたね」と話す。入所当初の守られている状況から、職員の寄り添う支援で、母親は少しずつ元気を取り戻す。その間施設に配置されている心理職員も心理療法等でかかわっていく。医療や心理等の助けも借りながら、生活の中で少しずつ自分を取り戻し回復につながっていくことがみられる（横井2020）。

第2章 求められる母子生活支援施設の機能と役割

第1節 ひとり親家庭をめぐる課題

　国の調査の中で浮かび上がってくる現状の課題を、特に喫緊の課題として国が考えているであろうことについて以下に言及する。

　母子世帯の総所得は年間306.0万円であり、「児童のいる世帯」の41％に留まっている（国民生活基礎調査2016年）。また、子どもがいる現役世帯（世帯主が18歳以上65歳未満）の世帯員の相対的貧困率は48.1％である（国民生活基礎調査2019年）。子育て世代の調査では、回答者の母親自身が育った市区町村で子育てをしているのは27.8％、7割以上が自身の育っていないまちで子育てをしている。近所に子どもを預かっている人がいるのは、39.9％で6割が子どもを預ける人がいない（政策基礎研究所2021）。以上の調査からわかることは、従前から言われているひとり親家庭、特に母子世帯についての貧困化の状況と出身地域から離れて子育てを行うことで、近年言われている「孤育て」になっている現状が浮かび上がる。ひとり親家庭の経済的貧困化は近年の課題である。ここから、離婚や裁判、経済的な自立を図るための再教育や就労支援が必要な世帯が多くあると思われる。子育てをしながら母親自身がそれらを単独で行うことは難しいことが多い。行政は申請主義なので制度自体を知らないひとり親もあるとの調査もある（東京都2020）。

　次に子どもが家庭内でほかの家族の介護や世話をしている家族が「いる」と回答したのは中学2年生が5.7％、全日制高校2年生は4.1％であった（三菱UFJリサーチコンサルティング2021）。近年ヤングケアラーの課題が取り上げ

られてきているが、調査によってその実態が浮かび上がってきている。

　また、児童相談所が年間に取り扱う児童のうち「一時保護された児童の約7割が家庭復帰しており、施設入所等の措置を解除された児童は5割以上が「家庭環境の改善」を理由としている。さらに、「施設入所から家庭復帰した児童虐待事例の13.2%が、家庭復帰の翌々年度11月時点で一時保護又は施設入所中だった」（山本他2013）という。この数字は、近年マスコミに大きく取り上げられている在宅での虐待死亡事例にもつながることではないだろうか。一時的に保護されたあと家庭復帰後に事件に及ぶという事象である。

第2節　国が現在子ども家庭分野で課題だと考えていること

　国が子どもを取り巻く家庭状況の現状の課題について以下に言及する。「厚生労働省（2021）『子どもとその保護者家庭を取り巻く環境に関する論点』」の中で、児童相談所については、「在宅指導に係る措置等の実施状況には都道府県によりばらつきがあることなど、家族再統合に向けて適切な支援が行われているか懸念がある」と述べている。また、「一時保護や入所等措置がされなかった家庭に対する支援について、どのように考えるか（マネジメント、在宅指導措置、直接支援）。一時保護や入所等されている間の保護者の家庭に対する支援についてどのように考えるか（マネジメント、在宅指導措置、直接支援）。保護や措置が解除され地域に戻った後に、再び一時保護が必要にならないような支援に結び付けることに関してどのように考えるか」という課題認識をしている。簡単にまとめてみると以下のようになる。要するに、国が課題としてあげていることは6点あり、①「児童福祉施設から地域へ戻る際の支援が手薄」、②「社会的養護施設経験者へのアフターケアが行き届いていない」、③「家庭への支援メニューの種類、量が不足している」、④「親子関係への直接支援が少な

い」、⑤「就学期以降の児童自身が利用できる支援が少ない」、⑥「未就園児に対する把握の機会が少ない」ということである。

国が現在子ども家庭分野で課題だと考えていること

① 児童福祉施設から地域へ戻る際の支援が手薄

② 社会的養護施設経験者へのアフターケアが行き届いていない

③ 家庭への支援メニューの種類、量が不足している

④ 親子関係への直接支援が少ない

⑤ 就学期以降の児童自身が利用できる支援が少ない

⑥ 未就園児に対する把握の機会が少ない

(厚生労働省2021「子どもとその保護者家庭を取り巻く環境に関する論点」)

第3節　国が求める母子生活支援施設機能と役割

平成28（2016）年5月に児童福祉法等の一部を改正する法律（以下、平成28年改正児童福祉法）が成立した。平成28年改正児童福祉法では、「児童が適切な養育を受ける権利を有すること」や、「家庭と同様の環境における養育の推進」といった理念の明確化などが図られた。また、一般の子育て支援や要保護・要支援児童と特定妊婦に対する支援策として、市区町村子ども家庭総合支援拠点の整備や子育て世代包括支援センターの法定化などが行われた。家庭と同様の環境における養育の推進について、厚生労働省は「家庭養育優先原則」として、都道府県等に対し、子どもが家庭において養育されるよう保護者を支援することを原則としたうえで、家庭における養育が困難または適当でない場合には里親等への委託を進め、これらが適当でない場合にはできる限り良好な家庭的環境（小規模グループケアやグループホーム等）において養育されるよう必

要な措置を講じることを、改正法の公布通知等で示した。

【新しい社会的養育ビジョン　2017（平成29）年 8 月厚生労働省】

　2017年に厚生労働省は、「新たな社会的養育の在り方に関する検討会」におい て「新しい社会的養育ビジョン（以下、「新ビジョン」）を発出した。ここで は、特に母子生活支援施設の機能と役割に関する記述のみを以下に概観する。

　特定妊婦のケアの在り方では、「出生前・出産後の育児について支援が必要 な特定妊婦への相談支援体制については、これまでの母子保健を中心にした相 談支援体制に加え、①若年者を含め妊婦が利用しやすいよう、SNS などの IT 技術も活用した24時間365日妊娠葛藤相談事業やアウトリーチ型相談事業など、 そのような妊婦を確実に把握するための相談体制、②経済的に困窮している妊 婦への妊娠検査費用負担などの支援体制、③妊娠期から出産後の母子を継続的 に支援する社会的養護体制（在宅支援、乳児院、サテライト型母子生活支援施 設、産前産後母子ホーム、里親、民間養子縁組機関との連携、出産後のケア等） などの整備が必要である」と述べている。

　さらに、特定妊婦に対して求められる機能として、「母子生活支援施設は、 地域に開かれた施設として、妊娠期から産前産後のケアや親へのペアレンティ ング教育や親子関係再構築など専門的なケアを提供できるなど多様なニーズに 対応できる機関となることが求められる」と述べている。なお、この「サテラ イト型母子生活支援施設」とは、早期に自立が見込まれる者について、地域の 中の住宅地などに小規模分園型（サテライト型）施設を設置し、本体施設と十 分な連携の下、自立生活の支援を行うための施設のことである。

　また、「代替養育を担う児童福祉施設の在り方」の項では、「貧困やひとり親 家庭の増加や特定妊婦の増加などから、代替養育に準ずる形として、母子や父 子で入所できる施設体系も求められる。乳児院や母子生活支援施設が担った り、他の法人が担うこともできるような体系が構築され、地域に開かれた生活

単位となる必要がある。そのような体系を構築する施策プランを早急に提示すべきである」と述べている。

そして、「なお、現行の母子生活支援施設はDVからの保護が重要な役目となり、その結果、それ以外の母子の入所が制限されるなどの問題も生じている。母子生活支援施設は、地域に開かれた施設として、妊娠期から産前産後のケアや親へのペアレンティング教育や親子関係再構築など専門的なケアを提供できるなど多様なニーズに対応できる機関となることが求められる」と述べている。さらに「代替養育」の項では「母子生活支援施設に関し、地域に開かれた施設とDV対応の閉鎖した施設の区分を明確にして混在しない在り方を提示」と述べている。

この「新ビジョン」では、主に日本における代替的養育の根本的な見直しと、児童相談所（特に一時保護所）の改革及び永続的解決（パーマネンシー保障）としての特別養子縁組等の推進が主な論点になっている。その中で、従来母子保健の分野で進められてきた「妊娠期から産前産後のケアや親へのペアレンティング教育や親子関係再構築など専門的なケアを提供できるなど多様なニーズに対応できる機関」としても、母子生活支援施設は期待されている。

【社会的養育推進計画の策定要領　2018（平成30）年7月厚生労働省】

「新ビジョン」を受けて、国は「社会的養育推進計画（2018）を発出して、「今般の見直しの対象は、在宅での支援から特別養子縁組、普通養子縁組、代替養育や自立支援などが網羅されている。これらの項目すべては緊密につながっており、一体的かつ全体的な視点をしっかりと持って進めていく必要がある。都道府県や市区町村、特別養子縁組の養親、里親、乳児院等の児童福祉施設などの関係者に抜本的な改正となる平成28年改正児童福祉法の理念等が徹底されるとともに、何よりも子ども達の最善の利益のために着実に進めていくことが必要である」と述べ、都道府県における「新ビジョン」の具現化を進めた。

　具体的には、「子育て世代包括支援センター及び市区町村子ども家庭総合支援拠点の普及、市区町村の支援メニュー（ショートステイ、トワイライトステイ）の充実、母子生活支援施設の活用について、都道府県の行う支援・取組を盛り込んだ計画を策定すること」、「児童家庭支援センターの機能強化の計画および設置に向けた計画（設置時期・設置する地域）を策定すること」、「パーマネンシー保障としての特別養子縁組の推進支援及び養子縁組支援のための体制の構築に向けた計画を策定すること。子どもにとって永続的に安定した養育環境を提供することが重要である」と述べている。

　また、「代替養育全体の在り方に関する計画を立て、それに基づいて施設の高機能化及び多機能化・機能転換、小規模かつ地域分散化に向けた計画を策定すること」、「社会的に困難を抱えている課題として、これまでも述べてきたように、①「虐待予防」、②「特定妊婦支援」、③「ひとり親家庭支援」が挙げられる」と述べている。

第 4 節　全国母子生活支援施設協議会の考える母子生活支援施設の機能と役割

【全国児童養護施設協議会が提示する多機能化の提言】

　本節を書き進めるにあたり、児童養護施設の全国組織である全国児童養護施設協議会（以下、全養協）の提言について概観する。その理由は、全国母子生活支援施設協議会（以下、全母協）では現時点（2024年時点）では、高機能化・多機能化の具体的な提言はでていないからである。

　全養協は2019年に、国が出した「新しい社会的養育ビジョン」（厚生労働省2017）にこたえる形で全養協としての対案を示している。ここでは、地域支援としての部分、すなわち多機能化について取り上げる。全養協では、「児童養

護施設の高機能化は、子どもの養育や家族支援の専門性をより高めることである。過酷な成育歴や複雑な家族関係などを抱えた社会的養護の子どもたちとその家族の生活全般に関わる経験を通して高められた専門性は、こうした地域の要保護・要支援児童とその家族のニーズにも応えられるはずである。高機能化を図るために整理され強化された様々な機能を、地域のニーズへの支援に活用し、地域支援の新たな機能として付設していくのが『多機能化』の展開である。多機能化は施設養護だけでなく、より大きな社会的養育の枠組みの中で強く求められている」と多機能化の定義をしている（全養協2019）。

　全養協の基本的地域支援機能の考え方は、「児童養護施設が既に持っている力、あるいは潜在している力」を活用して、「地域で在宅支援の対象となっている要保護・要支援児童とその家族の支援」に活用するというものである。具体的には、「①要保護児童等予防的支援機能、②一時保護機能、③フォスタリング機能」を挙げている。「要保護児童等予防的支援機能」は、「市区町村の事業との協働によって、身近な地域の要保護児童とその家族等に支援」することとしている。「『一時保護機能』と『フォスタリング機能』は児童相談所との協働となるため、都道府県・政令市等の広域」で取り組む。さらに、「交流活動機能、⑤専門的支援機能、⑥親子関係支援機能、⑦アフターケア機能は、地域の要保護・要支援児童とその家族のニーズに適うよう機能することになる」と述べている（全養協2019）。

【全国母子生活支援施設協議会が提示する多機能化の提言（「私たちがめざす母子生活支援施設（ビジョン）報告書」より）】

　全母協は2015（平成27）年に「私たちがめざす母子生活支援施設（ビジョン）報告書」を提言した。この提言の中で、「母子生活支援施設における総合性・包括性・地域性について」として、３点挙げている。１点目として、「(1)　インケアを包含した総合的包括的支援の拠点～居場所提供を含む重点的な支援を

提供するインケアを中核とした、ひとり親家庭への総合的包括的支援の拠点として の役割、展開が地域社会で実現する」こと。2点目として、「(2) 地域の 中の母子生活支援施設～『切れ目のない支援』の提供」、施設のインケアも地 域支援の連続としてとらえることが必要。アウトリーチして支援を提供し、 ネットワークによる「切れ目のない支援」を提供し、産前・産後期から子育て 期、子どもの自立期までの一貫した「切れ目のない支援」も行うこと。3点目 として、「(3) 支援の専門性～施設によって支援の質や量にばらつきがあるこ とが現在の一つの課題であるが、母子の生活に密着した支援を個別的に提供す る従来の専門性をより一層向上させる必要」であるとした。家族関係再構築支 援については、「虐待等の理由で一時的に児童養護施設等の施設に入所してい る子どもとその母が同居し、支援や見守りを得て、安全・安心できる生活を共 におくり、家族関係再構築を達成できるよう支援する一方、親子分離に至らな いよう弱体化・機能不全に陥った家族関係を生活の中で結び直すことを支援す る」とした。さらに、母子生活支援施設の近未来像として、中・長期ビジョン 策定にむけて、「～アウトリーチの拠点を目指して～」という表題をつけて、「中 期的には母子生活支援施設の認知度を上げる取組、ニーズの変化に対応できる 柔軟な個別支援を重視したインケアの充実に努めることが求められる。長期的 には地域で暮らすひとり親家庭への支援に取り組み、アウトリーチの拠点とな ることと、その先に『ひとり親家庭支援センター』の設立が求められる」とし た。母子生活支援施設の方向性として、「①インケアの充実に加え、地域への 相談に対応する機能・能力の向上、②潜在化しているニーズの掘り起しと支援 の連携を図るための地域でのネットワークづくり、③アウトリーチのメニュー の拡充などが挙げられる」とまとめている（全母協2015）。

【「全国母子生活支援施設の基本的考え方（2021）」の提言】

　2021（令和3）年7月の社会保障審議会社会的養育専門委員会に全母協とし

て「基本的考え方」を４点にわたり意見を提出した。１点目は、「母子生活支援施設は、特定妊婦等の安心・安全な出産と母子の愛着形成をはぐくむ支援、地域生活に向けた『自立支援』を行う（産前・産後支援）。」２点目は、「母子生活支援施設は、地域の要保護・要支援状況にある子どもやその家庭を応援するために、その専門性を活かした地域支援に取り組む（地域支援）。」３点目は、「社会的養護のもとで生活する子どもと母親を、母子生活支援施設において再統合し、さらに、退所後の地域生活を支援する（親子関係再構築支援）。」４点目は、「地域で支援を必要とする子どもや家庭を、母子生活支援施設の適切な利用に繋げることが重要である。母子生活支援施設のもつ支援機能に対する正しい理解と活用が望まれる」と提言している。

母子生活支援施設の４つの機能

　母子生活支援施設は、次の４点において対人援助の高機能化・多機能化が求められていると考える。

(1) 親子関係再構築支援機能（子どもと原家族との関係性の強化）
　　（代替的養育領域として乳児院や児童養護施設に入所している子どもの再統合や母子関係の関係調整機能）。

(2) 親子分離についての入所前アセスメント機能の充実化（母子生活支援施設の活用促進：児童相談所、乳児院、児童養護施設等との連携）

(3) 母子生活支援施設の機能の充実と活用促進（社会的養護領域で特定妊婦の受け入れや児童家庭支援センターの受託、サテライト型母子生活支援施設の設置）

(4) 社会的養育領域として地域支援事業の展開（例：貧困やひとり親の家庭への学習支援、子ども食堂、ショートステイ・トワイライトステイ、相談支援等）

（全国母子生活支援施設協議会2018年及び筆者加筆）

第3章　高機能化・多機能化の概念

第1節　国が示している高機能化・多機能化について

　国は高機能化・多機能化についてどのような考え方をもっているか考察する。国は、2018（平成30）年に「乳児院・児童養護施設の高機能化及び多機能化・機能転換、小規模かつ地域分散化の進め方について」という通知を出している。これは、前年の「新しい社会的養育ビジョン」（厚生労働省2017）が出された翌年にあたり、その考え方に沿って高機能化・多機能化を図っていくのかを具体的に国が財源も含めて指し示したものである。母子生活支援施設の直接的な高機能化・多機能化の文書がないので、児童養護施設、乳児院に対する通知から、今後の母子生活支援施設の方向性を予測していく。児童養護施設・乳児院の高機能化の具体的な内容としては、「家庭での養育が困難な子ども及び年長で今までの経緯より家庭的な生活をすることに拒否的になっている子どもに対して、早期の家庭復帰や里親委託等に向けた専門的な支援や自立支援を含め、更に専門性の高い施設養育を行う」と述べている。これを母子生活支援施設に当てはめるとすると、やや我田引水ではあるが、実親の元に戻る家庭支援の強化と言い換えるなら、母子生活支援施設で行っている「親子関係再構築支援機能」ではないだろうか。

　次に児童養護施設・乳児院の多機能化については、「具体的には、地域の実情等に応じ、以下に取り組むこと。①一時保護委託の受入体制の整備、②養子縁組支援やフォスタリング機関（里親養育包括支援機関）の受託をはじめとす

る里親支援機能の強化、③市区町村と連携した在宅支援や特定妊婦の支援強化」と述べている。これを母子生活支援施設の機能と比べてみると、①の「一時保護委託の受入体制の整備」については、児童養護施設等の一時保護委託にあたるものは、「母子・女性緊急一時保護事業」（筆者注：地域により多少呼び方は違う）であろうか。これは、母子生活支援施設の82.4%（199施設中164施設が実施）が現在おこなっている（全母協2023）。さらに、一時保護に関しては、国が一時保護の設置種別を母子生活支援施設や障害の施設にも拡充した。②の「里親への支援」については、母子生活支援施設はやや距離のある事項であると考える。③の「市区町村と連携した在宅支援や特定妊婦の支援強化」は基礎構造改革から、母子生活支援施設の管轄が市区町村に移っているので、施設と基礎自治体との関係は日常的に強いので事業を受けやすい環境にはある。また、特定妊婦支援では、乳児院において、「妊娠期から出産後の育児について支援が必要な特定妊婦への支援に関し、市区町村保健師や保健所・保健師などと協働し、母子ともに入所させて支援することも含めて取り組んでいくことが求められる」と述べている（厚生労働省2018）。特定妊婦支援に関しては、母子生活支援施設は入所している母子については今までも経験的には取り組んできているので、今後は地域にいる特定妊婦に関しても積極的に支援の対象と考えていくことが必要であると考える。

　国が示している高機能化・多機能化についての説明はここまでなので次章で筆者が考えている母子生活支援施設の高機能化・多機能化の具体的なことについて述べていきたい。

　前節の高機能化・多機能化の概念の整理を踏まえて、母子生活支援施設の高機能化・多機能化を図2に示した。これは筆者が現在状況の中で母子生活支援施設の高機能化・多機能化は、このような機能を持ち、事業を行うことではないかと考えている試案であることをお断りしておく。高機能化のベースとして、まずは基本的な日常支援はどのようなサービスがあるのかを明らかにしつ

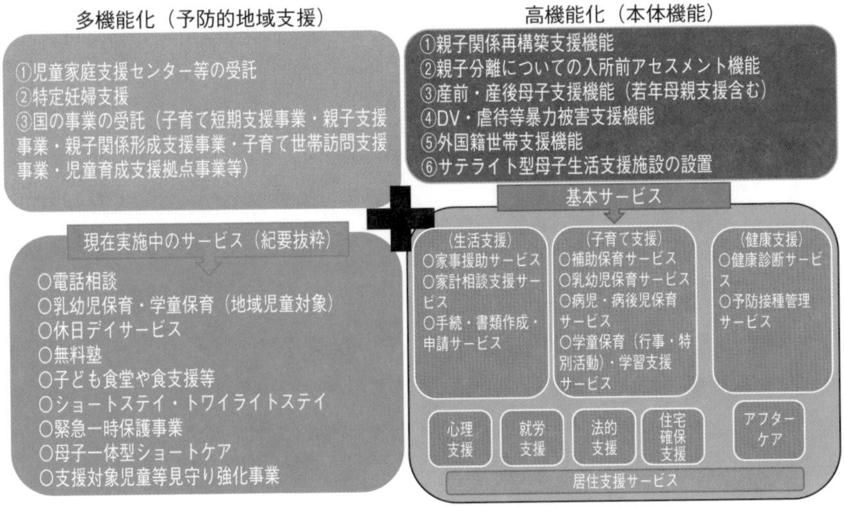

多機能化（予防的地域支援）

①児童家庭支援センター等の受託
②特定妊婦支援
③国の事業の受託（子育て短期支援事業・親子支援事業・親子関係形成支援事業・子育て世帯訪問支援事業・児童育成支援拠点事業等）

現在実施中のサービス（紀要抜粋）

○電話相談
○乳幼児保育・学童保育（地域児童対象）
○休日デイサービス
○無料塾
○子ども食堂や食支援等
○ショートステイ・トワイライトステイ
○緊急一時保護事業
○母子一体型ショートケア
○支援対象児童等見守り強化事業

高機能化（本体機能）

①親子関係再構築支援機能
②親子分離についての入所前アセスメント機能
③産前・産後母子支援機能（若年母親支援含む）
④DV・虐待等暴力被害者支援機能
⑤外国籍世帯支援機能
⑥サテライト型母子生活支援施設の設置

基本サービス

（生活支援）
○家事援助サービス
○家計相談支援サービス
○手続・書類作成・申請サービス

（子育て支援）
○補助保育サービス
○乳幼児保育サービス
○病児・病後児保育サービス
○学童保育（行事・特別活動）・学習支援サービス

（健康支援）
○健康診断サービス
○予防接種管理サービス

心理支援　就労支援　法的支援　住宅確保支援　アフターケア

居住支援サービス

図2　今後求められる母子生活支援施設の高機能化・多機能化と基本サービスの概念図　社会福祉法人東京都社会福祉協議会母子福祉部会「紀要（2019）」をもとに筆者作成

つ、母子生活支援施設の高機能化・多機能化の具体的な展開を以下に説明していく。

第2節　母子生活支援施設の基本機能

高機能化・多機能化を考えるにあたって、まず母子生活支援施設がどのような基本機能があるのかについて言及する。その上で高機能化・多機能化の中身について論述していく。

【居住支援としての役割】

もともと母子生活支援施設は、戦後の寡婦対策事業の住宅政策として位置づけられて出発した施設が多く、入所者の15.1％が住宅困窮であり、今でも居住

支援としての一定数の利用がある。さらに、精査すれば56.9％の利用者がDV
被害者であり、DV被害の母子はほとんど女性相談支援センター（2024年以前
は婦人相談所）の一時保護所を経由しており、着の身着のまま避難してきてい
るので、この層を合わせると72.0％が住宅を必要としていると考えられる（全
母協2023）。また、経済的な理由でアパート等を退去しなければならなかった
入所世帯もいると思われる。したがって、現在も母子寮として発足した当時と
同じ居住支援としての機能を母子生活支援施設は担っていると考えられる。

1　生活支援機能

①家事援助サービス

施設では基本的な生活はそれぞれの家庭で営んでいくが、母親の病気や仕事
の関係で職員が代行して掃除・洗濯・食事等を支援することがある。また、成
育歴の中で、母親が家事の技術等を持ち得ていない場合職員が教えたり、支援
することもある。

②家計相談支援サービス

借金があったり、金銭の管理の経験がない、できなかった母親に対して、本
人の同意を得た上で家計相談の支援を行うことがある。金銭を取り扱うので規
定等に則って行う必要がある。

③手続・書類作成・申請サービス

学校転校手続きや保育所入園、生活保護受給、各種手当の申請等、行政への
申請は多岐にわたる。また、外国籍の母親にとっては難解な事項である。さら
に、DV被害等で住所地を動かせない場合窓口で特別な説明が必要になる。そ
のような時に職員が同行して申請の支援を行う。入所後母子が施設生活を始め
るにあたり、真っ先に行うことのひとつである。

2　子育て支援機能

全母協の調査によると、「『利用者からの相談内容』の複数回答で多い順に５
項目で求めた時に（就労136％、健康問題61％、夫との課題58％、住宅23％、）、

『子どもの課題』が198％で一番多かった」との結果がある（全母協2023）（筆
者注：回答数の合算なので100％を超えている）。施設では様々な子育て支援を
実施しており、このことが母子生活支援施設の支援の特長になっている。子ど
もを保育することの呼び方や表現は施設ごとに様々あるのだが、ここでは施設
保育のバリエーションが豊富にあるということで理解してほしい。保育の種類
として以下に挙げる4点が代表的なものであると考える。①補助保育（いわゆ
る待機児童の保育等）、②乳幼児保育（母親の休養や手続き等で保育の代替を
行う）、③病児・病後児保育（乳幼児が病気等で保育園に行けない時に、母親
が仕事等で保育ができない時に行う）、④学童保育・学習支援（施設内にある
場合と地域の学童を利用する場合とがある）これら4点が主なものであるが、
母親のリフレッシュのために定期的に子どもの保育を行うなど、施設ごとに工
夫がある。

3　健康支援機能

　健康についての支援の内容として、児童福祉施設最低基準（児童福祉法第45
条）で年間2回の健康診断が義務つけられている。また、職員が子どもの予防
接種の接種時期等について助言等行っている。今まで様々な理由で通院等でき
なかった母子もいるので、同行して通院を促し、心身の健康回復を目指してい
る。

4　心理等支援機能

　全母協の調査によると、心理療法担当職員は、64.8％の施設が配置している。
内22.6％が複数の心理療法担当職員を配置している。令和4年入所状況の母親
の数2,677のうち、何らかの障害があるとみられる数は1,147人であった。42.8％
の母親が何らかの疾病を抱えているのである。精神保健福祉手帳を保有してい
るのが28.9％（332人）、手帳は持たないが精神科等に受診をしているのが
38.2％（438人）であった。障害のある母親の67.1％が何らかの精神障害を抱え
ていることがわかる（全母協2023）。心理療法担当職員は、日常支援を行う母

子支援員や少年指導員と協働して、心理面の支援を行っている。

5　就労・経済的支援機能

　DV等から避難する母子は、警察や女性相談等で保護されると、多くは婦人相談所で一時保護される。当面の母子の経済的な基本は、生活保護である。DV等暴力被害で避難してきた母親は、着の身着のままで避難して、職を持っていても、職場に挨拶もできず退職を余儀なくされた母親もいたであろう。また、原家族からの養育が不十分なまま教育・訓練されなかったり、高校中退・中学卒業の母親で、意欲や能力を持つ母親には再教育（高校進学や資格取得等）の機会を支援することもある。また母子の手当は離婚等の条件が付くこともあるが、児童扶養手当等の申請の支援を行う。このように、生活の基盤としての経済的な支援は入所後最優先になされる事項である。

6　法的支援機能

　「利用者支援の単数回答をみると、第一位にあげられた相談内容としては『（前）夫との課題（DVに関する離婚の課題）』が最も多く、24％（49施設）」であった（全母協2023）とあるように、施設職員は母親に対して、日本司法支援センター（通称法テラス）等の情報提供をして、弁護士への依頼、離婚や親権等についての調停や裁判の支援を行っている。

7　住宅確保支援機能

　「入所理由の15.1％が住宅事情」（全母協2023）とあり、支援として公営住宅の入居手続きの相談を行う。また公営住宅に入居せずに民間アパートに入居して施設のそばに住む母子世帯もいる。これは、施設のアフターケアを期待したり、現に支援を継続する場合である。そのような場合でも、民間アパートを探すなど住宅確保の支援を施設は行っている。

8　アフターケア機能

　施設が、何らかのアフターケアを含む地域支援を「実施している」割合は97.0％（193施設）である。支援の内容は相談が多く、「電話相談」94.5％（188

施設)、「来所相談」91.0％（181施設）、「訪問相談」63.3％（126施設）、相談以外では、「カンファレンス等関係機関連携」56.3％（112施設）、「同行や代行」54.3％（108施設）、「食材の提供」47.2％（94施設）である（全母協2023）。ほぼすべての施設で何らかのアフターケア等を行っているのがわかる。このように、単に入所期間だけの関りではなく、退所後も積極的に母子の支援に取り組んでいる。母子生活支援施設を経由すると、「漏れなくアフターケアが付いてくる」ことが言えるのではないだろうか。

【生活の基盤としての経済的支援と生活丸ごとの総合的支援機能】

　このように、母子生活支援施設は居住支援を基盤として、経済的・法的・心理的支援等生活全般にわたり支援を行う施設機能を持っている。

　ここで一つおことわりを述べなければならない。それは、これらの基本サービスが全国すべての施設で展開されているか、ということである。結論を言うと否である。その理由は様々であるが、地域ごとの特性や、職員配置、設置自治体との関係や施設自体の努力不足などあるかもしれない。今後、高機能化・多機能化するにあたって、基本機能を標準装備していく努力が母子生活支援施設に問われていると考える。

第3節　母子生活支援施設の高機能化

【母子生活支援施設に求められる機能〔本体施設の高機能化〕】

　母子生活支援施設本体の高機能化は、2017年の厚労省の「新しい社会的養育ビジョン」と、全母協の「ビジョン（2015）」を参考にすると、6点挙げられるだろう。1点目は、親子関係再構築支援である。2点目は、親子分離についての入所前アセスメント機能である。3点目は、特定妊婦等の支援として、産

前・産後母子支援機能である。4点目として母子生活支援施設全体の6.9%に現在外国籍の家庭が入所している状況で（全母協2021）、今後外国籍の2世、3世の世帯も増えてくると思われる中で、外国籍家庭の支援も高機能化のひとつの分野になると思われる。さらに、5点目として、DV・虐待等暴力被害支援機能である。最後6点目として、サテライト型母子生活支援施設の設置である。以上6点について以下に論述する（図2）。

第4節　親子関係再構築支援機能（高機能化）

　他の児童福祉施設（児童養護施設、乳児院、里親等）に別居子（筆者注：母子生活支援施設以外の社会的養護施設や里親にきょうだいがいること）がいるのは7.0%（139世帯）であり、「平成30年から令和2年までの3年間で293世帯に何らかの親子関係再構築支援を行っている」という調査結果がでている（全母協2021）。

　施設に入所している期間に、きょうだいが乳児院や児童養護施設に分離されている場合は、インケア中に母子再統合の可否を考えることが必要であると考える。分離された経過を児童相談所と共有し、その理由を施設職員が介入することで緩和させ、さらに母親の育児能力等の向上を目指すのである。このことは、児童相談所のアセスメント機能と親支援の機能を母子生活支援施設が協働できるところである。

　また、乳児院や児童養護施設に子どもが措置される時点で、母親と子どもの関係を長期的にみた時になお不安が残るような場合、児童養護施設等に入所措置の段階で支援方針の中に、地域での母子の生活の前に母子生活支援施設での支援を間にはさむことを提案することが必要であると考える。児童養護施設や乳児院等に入所していた子どもが地域にそのまま不十分な再統合をすれば、親

子関係が不調に陥り、子どもが再入所することになる。施設入所から家庭復帰
した児童虐待事例の13.2％が、家庭復帰の翌々年度11月時点で一時保護又は施
設入所中だったという調査がある（山本他2013）。

　母子生活支援施設で親子関係再構築支援を受けることで、ライフサイクルの
中で、一時期養育者の不調や入院、親子間の葛藤等で乳児院や児童養護施設な
どで養育するが、その要因が緩和されたり解消した場合はまた地域での家庭生
活をするなど、養育の主体が変わりながらも子どもを育てる仕組みを作ること
ができるのではないだろうか。

第5節　親子分離についての入所前アセスメント機能（高機能化）

　児童相談所等が、一時保護等で保護した経過があったり、地域で在宅指導を
しているケースなどで、今後親子分離についても視野に入れた支援が必要な場
合、アセスメントのために母子生活支援施設に入所させる機能である。すなわ
ち、子どもを乳児院や児童養護施設等に措置をする前に、緊急一時保護や親子
支援事業等の枠で母子生活支援施設に母子で入所させて、分離して支援が必要
か否かを、施設との連携で母子関係のアセスメントを行うのである。児童相談
所での母子の観察は必要であるが、「生活丸ごと」の母子生活支援施設は、あ
る意味「生」の母子関係が垣間見られる場である。母子生活支援施設と児童相
談所の連携によって行えるものであると思われる（横井2020）。

　「東京都ひとり親家庭自立支援計画第4期（令和元年）」の審議会での新保（2019）
の提言がある。それは、「必要な親子分離を的確に判断するには、児童福祉法
第27条第1項第2号（在宅措置）もしくは第33条の一時保護に基づいて、児童
にその母（保護者）とともに母子生活支援施設（以下当該施設）に入所させ、

専門職から児童と母とが安全に生活できるように支援を受ける。その際の入所に必要な費用については、当該施設における通常の入所方式の場合よりも手厚く都が負担する。上記の事業を、国とのモデル事業、又は都単独事業として実施する（後略）」というものである。これは、児童福祉法を改正せず、子どもを乳児院や児童養護施設等への措置をする前に、緊急一時保護の枠で当該施設に母子を入所させ、その間に施設との連携で分離支援が必要か否かについての母子関係のアセスメントを実施するのである。

　一方、「分離処遇」自体は、児童相談所の一時保護所や乳児院と児童養護施設、養育家庭の一時保護委託に多くの負担を強いている。近年、東京都内の一時保護平均保護日数は40日を超える状況にある（東京都2019）。DV や虐待通報があると、警察はまず児童相談所に身柄の通告をする。児童相談所は子どもの安全を担保するために、乳児院や児童養護施設に子どもを一時保護として措置する。新保（2019）は、DV や虐待等でも母子一体で保護が可能な場合は、当該施設に入所させることを提言した。ここでは、母子分離による不安やショックなどに関する的確なアセスメントができ、夫婦間暴力での子どもや母子保護のシステムに、当該施設を組み入れることが有効であると考える。

第6節　DV・虐待等暴力被害支援機能（高機能化）

　入所する子どもの数「4,928人」のうち「2,449人」が何らかの虐待を受けている。これは、全体の49.7％にあたり、このうち母親が何らかの形で虐待に関わっているのが「288人（9.8％）」であり、この数の子どもが母子生活支援施設に入所しながら親子関係の調整を職員から受けているということになる（全母協2021）。

　全母協「社会的養護体系における母子生活支援施設の現代的役割とケアのあ

り方に関する調査研究報告書」(2009) では、「社会的養護体系における母子生活支援施設の果たす役割とは何か、また、どのような役割を担うべきものなのか」という問いに関して、被虐待児への支援について、「虐待は被害を受けた子どもたちから『安心』『誇り』『大切にされる体験』を奪っていく。母子生活支援施設の役割は、『安心感』ある場所で、『大切にされる体験』を提供し、子どもたちに『誇り』をとり戻してもらうことだといえる」と答えている。また、「虐待被害からくる暴力の影響を消し去ることへの支援」として、「虐待被害からくる暴力の影響は、ささいなことで怒りを暴力で表現することや、問題を解決するにあたって暴力を選択してしまうなどさまざまである。そうした子どもに対して、安全なおとなモデルを提供し、時間をかけて暴力以外の方法を選択する練習を生活の場で積み重ねていくことも、重要な役割のひとつと言えるだろう」と述べている。

　経験的には、入所時「とても良い子」が多い傾向がある。物心ついた頃には夫婦間で暴力が日常化していたり、親自身が病んでいたり、お金がなかったり、親族間での争いが起こっていたり、とても子どもの気持ちを母親が受け止める状況になかったりする。社会的養護施設の子どもたちが、「子どもが子どもでいられない」のは、このような理由であると思われる。葛藤を抱えた家族は、周囲に気付かれないまま、そのしわよせを子どもが一身に受け、今話題になっている「ヤングケアラー」という状態に結果としてなっていることもある（横井2022）。母子生活支援施設は、職員との日常的な関わりそのものが、虐待的関係ではない大人モデルと触れ合うことで、人間関係の新たな様式を会得する場であると考えている。

第7節　外国籍世帯支援機能（高機能化）

　「児童養護施設等における外国籍等の子ども・保護者への対応等に関する調査研究報告書」（2021）によると、「1人以上外国籍等の子どもがいると回答のあった施設割合は、乳児院では38.7％、児童養護施設では39.8％、児童心理治療施設では34.3％、児童自立支援施設では34.0％、自立援助ホームでは15.1％、母子生活支援施設では44.9％であった」、「母子生活支援施設では半数程度、乳児院・児童養護施設でも4割の施設に外国籍等の子どもが在籍している結果となった」との調査結果がでており、「母子生活支援施設では他の施設種別と比較して、外国籍等の子どもが入所している施設の割合が高い傾向がうかがえるが、一方で子どもの国籍は日本が最も多い。保護者（母親）が日本人男性と離婚した際、子どもは日本国籍になったものの母子世帯となり、言葉や就労スキルの課題から養育困難、経済破綻となって施設入所に至ったというケースも想定される。これは日本の母子世帯の生活の厳しさが深刻であることとも通じており、ひとり親世帯の子育て支援の課題の深刻さを表すものとも考えられる」と述べている。

　外国籍家庭に対する支援は多岐にわたる。例えば、離婚調停などの法的支援、就労支援、生活保護や手当などの行政への申請、保育園・学校などの教育機関への申請や連絡調整、および日常の日本語のスキルの獲得への支援等生活全般にわたる。そして、これらはほとんど「同行支援」でないとことが進まない。これら事細かく母子生活支援施設の職員は日夜取り組んでいる。

第8節　産前・産後母子支援機能（高機能化）

全国の母子生活支援施設での妊娠期からのひとり親の受け入れ状況は、199施設中41施設で「ある」と回答（20.6%）しており、令和3年4月1日から令和4年3月31日までの1年間の間で41世帯を受け入れている。そのうち、31世帯（76.0%）が特定妊婦であった（全母協2023）。

母子生活支援施設は、現在は約半数強の入所者がDVなどの暴力被害者であるが（入所理由の56.9%、全母協2023）、本来は貧困や養育困難などの生活上の課題をかかえている母子への支援をする場でもある。したがって、掃除・洗濯・子育て・就労支援等総合的な日常生活支援を得意とする生活施設である。乳幼児の子育ての手技や日常生活技術を高め、いずれ子どもが育ってくると母親の再教育の機会や就労などの「自立支援」に向けた取り組みをすることになる。

厚生労働省（2017）は、「新しい社会的養育ビジョン」の中で、特定妊婦のケアの在り方や出生前・出産後の育児について支援が必要な特定妊婦への相談支援体制について述べている。

全母協（2019）は、産前・産後母子支援について、「これまでの産前・産後の母子保護は、産前は母子生活支援施設で一時保護されるか、婦人保護施設で保護されるか、産院で保護されるかのいずれかで出産し、産後は母子生活支援施設に入所している事例が多くあった。しかし、産前から出産、育児期に至る切れ目のない支援の提供が、親子関係構築には不可欠であり、母子生活支援施設が産前から受け入れて支援できる施設として、専門性を向上させることが最良であると考えられる」と述べている。また、婦人相談所から特定妊婦を一時保護できること（厚生労働省2011）や、保健センター・児童相談所・福祉事務所・要保護児童対策地域協議会等との連携の重要さを述べている。さらに、支

援内容を①日常生活支援、②同行支援、③家族調整、④育児支援、⑤退所支援
の５点が重要であると指摘している（全母協2019）。

　厚生労働省（2020）社会保障審議会児童部会児童虐待等要保護事例の検証に
関する専門委員会の「子ども虐待による死亡事例等の検証結果等について第16
次報告」によると、「１年間に発生または表面化した子ども虐待死亡事例は、
心中以外の虐待死では51例（54人）、心中による虐待死事例では13例（19人）
であり、総数は64例（73人）だった」という。また「心中以外の虐待死事例で
は、『０歳』が22例（22人）であり、40.7％で最も多い。０歳児うち月例０か
月児が７例（７人）で31.8％」であり、第１次報告から第16次報告までのすべ
てで「０歳」が最も多い結果となったと報告している。報告書の考察では「10
代での妊娠・出産の経験のある実母が多く、未婚の一人親や内縁関係といっ
た、子育てへの支援が必要と考えられる家庭が多い」と述べている。「課題と
提言」では、「妊娠期から支援を必要とする養育者への支援の強化」が謳われ
ている。

　さらに、母子生活支援施設で産前・産後母子支援をする意味とは何だろう
か。井上（2018）は、子ども虐待の対応の視点について、「『早期発見→保護』
から『予防』の時代に入った。1994年に『子どもの権利条約』を批准したわが
国では、2004年に改正・施行された児童虐待防止法にて第１条『目的』に『予
防』が付け加えられた。子どもの命を救うために親権を争っても介入する介入
型対応から早期発見・早期支援により重篤な虐待に至る前に親子の困りに寄り
添い支援する予防介入の時代に入り、虐待への介入よりも、子育てがうまくい
かない養育者を支援するという概念が主流となってきた」と述べている。

　現在東京の母子生活支援施設に入所している母親の年齢構成は、10代から30
代までの母親は、30.3％を占めている。また子どもは乳幼児が、全体の52.1％
で半数以上を占めている。この数字は、ここ数年同じような水準で推移してい
る（東京都社会福祉協議会母子福祉部会2020）。

　母子生活支援施設は、これまで主に「子育て支援」の枠組みの役割を担ってきた。例えば、母親が原家族から子育ての伝承がなされなかったことや子どもの育て方がわからない、またその能力が少ない、または支援者がいないなどの理由等によって、支援を受けながら子育てをしてきた。今後はさらに周産期の支援が必要な母親の増えることが予想され、先に述べた虐待死亡の「実母の心理的・精神的問題等」は、「養育能力の低さや、うつ状態である」との検証結果がでており、このような母親の支援は、実は母子生活支援施設の得意なところではないだろうか。虐待予防対策も含めた、「予防的な地域支援」としての母子生活支援施設の役割が重要になってくると思われる。母子生活支援施設はそのような母親に「育ちなおし」をする場でもある。また、若年で妊娠、出産する母親が母子生活支援施設にたどり着き、支援の中で「この子ともう一度生き直そう」という気持ちになり、母親自身の自尊心が回復することで就労等に就くことができれば、母親自身においては自己実現であり、社会的にはコストの削減になり、その子どもも社会を支える人にもなるのではないか。その意味で母子生活支援施設の産前・産後母子支援は、将来への投資であり、「予防的支援」であると考えられる。母子生活支援施設が、今後は、「子育て支援機能」と「母子保健機能」を兼ね備えた施設となることで、より社会的な要請に応えられる施設になると考える。

第 9 節　サテライト型母子生活支援施設の設置（高機能化）

　サテライト型母子生活支援施設とは、「離婚直後など集中的な支援を必要とする者がいる一方で、比較的緩やかな生活指導と相談支援等により早期に自立が見込まれる者もいる。早期に自立が見込まれる者について、地域の中の住宅地などに小規模分園型（サテライト型）施設を設置し、本体施設と十分な連携

の下、自立生活の支援を重点的に行う」ために設置するものであると規定され
ている（厚生労働省2012）。現在、サテライト型母子生活支援施設を設置して
いるのは、「6施設」であり、全体（199施設）の3％である。「設置施設は平
成24（2012）年度調査と比較すると、2施設減少している」とある（全母協2023）。
サテライト型母子生活支援施設の設置数が少数にとどまり、減少の要因は分析
がないので不明だが、「指定を受けた施設であっても、やむを得ないと認めら
れる事由がなく、年度途中の実績が本要綱の要件を下回る場合は指定を取り消
すこと」とあり、本体施設と同じように暫定定員の設定があり、このことが設
置の広がりを妨げている可能性がある。また「小規模分園型施設における入所
期間は、原則、1年以内とする」とあり、このことも弾力的にどこまで運用が
可能なのかそのあたりが課題なのではないだろうか。今後は、運用の条件を何
らかの形で変更・緩和するなどを行うことで、地域移行のバリエーションが広
がると思われる。

第4章　母子生活支援施設の多機能化

【母子生活支援施設の多機能化は福祉政策的にはどのような意味があるのか（予防的地域支援としての多機能化の必要性）】

　母子生活支援施設は、国の「新ビジョン（2017）」が出る前から、市区町村の要請を受け、独自に地域への支援メニューを増やしてきた。その方向性は、前述した全母協の「ビジョン（2015）」にも示されている。再掲すると、「インケアを包含した総合的包括的支援の拠点～居場所提供を含む重点的な支援を提供するインケアを中核とした、ひとり親家庭への総合的包括的支援の拠点としての役割、展開が地域社会で実現する」とある。多機能化を推進することは、すなわちいまのところ地域で「自立的に」生活している家庭が要支援家庭にならないとか、要保護家庭として子どもが保護されたりする状況にならないように、いわゆる「予防的に」支援をすることであると考えている。

第1節　児童家庭支援センターの受託（多機能化）

　1997（平成9）年の児童福祉法の一部を改正する法律により、新たに児童家庭支援センターが創設された（厚生労働省1998）。全国児童家庭支援センター協議会に加盟しているのは167センター（2022年現在）であり、このうち、母子生活支援施設で児童家庭支援センターを開設しているのは9か所といわれている（全国児童家庭支援センター協議会2022　ただし、法人の本体施設で数えているので、数が前後する可能性がある）。

　児童家庭支援センター設置運営要綱によると、目的としては、「児童家庭支援センターは、地域の児童の福祉に関する各般の問題につき、児童に関する家庭その他からの相談のうち、専門的な知識及び技術を必要とするものに応じ、必要な助言を行うとともに、市町村の求めに応じ、技術的助言その他必要な援助を行うほか、保護を要する児童又はその保護者に対する指導を行い、あわせて児童相談所、児童福祉施設等との連絡調整等を総合的に行い、地域の児童、家庭の福祉の向上を図ることを目的とする」とある。事業内容としては、「①児童に関する家庭その他からの相談のうち、専門的な知識及び技術を必要とするものに応じる、②市町村の求めに応じ、技術的助言その他必要な援助を行う、③児童相談所において、施設入所までは要しないが要保護性がある児童、施設を退所後間もない児童等、継続的な指導措置が必要であると判断された児童及びその家庭について、指導措置を受託して指導を行う、④里親及びファミリーホームからの相談に応ずる等必要な支援を行う、⑤児童相談所、市町村、里親、児童福祉施設、要保護児童対策地域協議会、民生委員、学校等との連絡調整を行う」とされている。

　児童家庭支援センターを母子生活支援施設に付置すると、ソーシャルワーカー2名及び心理職員の配置ができ、地域への支援を可能とする人員と財政的な裏付けを得ることになる。ここをアウトリーチの拠点として位置づけることで、アフターケアの機能と、子育て短期支援事業（ショートステイ等）の利用調整や、要保護児童対策地域協議会の機能強化や児童虐待防止に関する研修を実施したり地域ニーズに応じた事業の展開を可能にすると考えられる。

第2節　特定妊婦支援（多機能化）

　母子生活支援施設の高機能化にも産前・産後母子支援としてあるが、あえて

多機能化にも特定妊婦支援として載せているのは、高機能化として本体機能に産前・産後母子支援の支援機能を付置することで、今後は地域にいる特定妊婦の支援につながると考えるからである。

第 3 節　国の事業の受託（子育て短期支援事業・親子支援事業・親子関係形成支援事業・子育て世帯訪問支援事業・児童育成支援拠点事業等　多機能化）

　子ども家庭福祉や社会的養育に関することで、2022年の児童福祉法改正に伴い国が目指していることのひとつは、母子保健と児童福祉の一体的運用である。ここで簡単に説明すると、「こども家庭センター」を設置して、「サポートプラン」を策定し家庭を支援していくことになった。また、子ども家庭分野の支援メニューが少ないこともあり、国は 3 つの新メニューと 2 つの事業拡充を行った。すなわち、1 つ目は「子育て世帯訪問支援事業」であり、要支援児童及びその保護者、特定妊婦、ヤングケアラーを対象としており、訪問、家事支援、送迎等を内容としている。2 つ目は「児童育成支援拠点事業」であり、学校、家庭以外の居場所に対して補助をする事業である。3 つ目は「親子関係形成支援事業」であり、親子関係の構築に向けた支援の事業である。拡充されたのは、1 つ目が「子育て短期支援事業」（いわゆる子どもショートステイ等）であり、子どもの申し出で入所することや、親子入所等の要件の拡充である。2 つ目は「一時預かり事業」であり、レスパイトの利用を想定している（厚生労働省2022）これらの国の事業を積極的に取り込むことで、施設のメニューが増えて多機能化の施設機能強化につながると考える。

　東京都内母子生活支援施設では、現在、各施設・法人で特色あるメニューを展開している。例えば、貧困やひとり親の家庭への学習支援（無料塾等）、ショー

トステイ・トワイライトステイ、子ども食堂、電話相談、乳幼児保育・学童保育（地域児童対象）、休日デイサービス、子ども食堂や食支援、緊急一時保護事業、母子一体型ショートケアが実施されている（東京都社会福祉協議会母子福祉部会「紀要」2019）。

第4節　母子生活支援施設が多機能化することの有用性

　母子生活支援施設が多機能化（地域支援）することの有用性は何であろうか。それぞれの施設や法人が工夫しながら、子ども食堂やフードパントリー、無料塾、ショートステイ等行っている。そうした活動の中で、母子生活支援施設が多機能化すると、より早くニーズを持った家庭と知り合うことができることが期待される。地域の中でぎりぎり親子関係が壊れていない家庭、潜在化していて支援からこぼれ落ちている家庭が子ども食堂等で見いだされて、そこから支援につながることがあると考えられるからである。実際に、食糧支援から生活困窮している家庭が見いだされ、母子生活支援施設の入所につながったケースがあるという。また、母子生活支援施設にとってもメリットはある。それは、結果的に多職種の職員の配置ができるということである。たとえば、特定妊婦等の産前・産後母子支援などの事業を行うと、助産師や看護師の配置が可能になる。また、地域担当の心理士の配置もできるようになった。複数の心理士の雇い入れができることは、これまで一人職場のため、同じ専門職でのカンファランスができなかったので心理士にとても心強いことではないだろうか。これらのことにより、ソーシャルワーカー、心理療法担当職員、医療職員の三者でのチームでの支援が可能になり、より専門的な支援が可能になるのである。さらに、児童相談所の一時保護等で母子分離されている家庭や、今後子どもとの再統合を控えている家庭に対して、母子生活支援施設が関わることで、分離さ

れた主訴とそれに付随する家庭が抱えている課題に対して、その事象の緩和または解決に至る支援を考える場になる可能性がある。

　また、母子生活支援施設が子育て広場などのポピュレーション・アプローチの機能から、入所や緊急一時保護などのハイリスク・アプローチまでの機能をもつことで、要支援度のレベルによって多様な関わりが可能になる。すなわち、入所に至る前の支援メニューのバリエーションを母子生活支援施設が持つことで、家庭の課題が重篤化する前に支援を行い、通常のポピュレーション・アプローチに戻っていくことができるということである。家族構成員の成長やライフサイクルの変化の中で生じる課題に対して（例えば思春期の不登校や親子の葛藤等）、親子関係形成事業や親子ショート、親子支援事業によって、短期間集中して支援を受けることで、通常の地域生活を行うことができるように母子生活支援施設の多機能化の事業で対応していくのである。

　さらに、現在母子生活支援施設には、地域支援担当の職員としては自立支援担当職員しか配置されていないが、今後は、児童養護施設等に配置されている家庭支援専門相談員（ファミリーソーシャルワーカー）の配置もされることが重要であると考える。

母子生活支援施設が多機能化（地域支援）することの有用性

①より早くニーズを持った家庭と知り合うことができる。

②多職種の職員の配置ができる（産前・産後母子支援などの事業を行うと、助産師や看護師、心理士の配置が可能）になる。ソーシャルワーカー、心理療法担当職員、医療職員の三者でのチームでの支援が可能になる。

③児童相談所等が関わった家族への地域での生活を支える機関としての役割が可能となる。

　図3は、多機能化の事業を支援のレベルの濃淡により分類したものである。母子生活支援施設への入所や緊急一時保護の要保護の支援、一時的に入所また

46

は通所等をする親子関係形成事業や親子支援事業は要支援レベル、もう少し支援のレベルが下がる家庭のレスパイトケア等の子育て短期支援事業（ショートステイ・トワイライトステイ）、要支援性は低く健全育成の領域である子育て広場等の事業に分類してみた。

多機能化の事業を分類した意味は、これまで母子生活支援施設は入所に伴う事業を中心に行ってきたが、今後は地域の様々な支援レベルの家庭に対してメニューをそろえることで、家庭状況が深刻な要保護レベルになる前に中間的な支援のレベルの機能を用いて、家庭の葛藤を緩和させて再度地域生活をしていくということができれば、これが地域支援の目的である「予防的機能」であると考えている。ポピュレーション・アプローチからハイリスク・アプローチまでのメニューを母子生活支援施設が持つことができれば、地域の家庭にとっては選択肢が広がるし、関係機関も家庭のアセスメントの中でどのメニューを使うことがより有効な支援につながるのかということを考えられるからである。

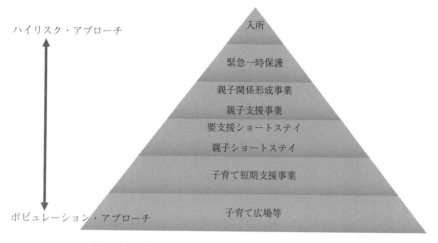

図3　支援のレベルによる多機能化の事業例　筆者作成

※2021（令和 3 ）年度以降母子生活支援施設が活用できるようになった事業の一部抜粋（詳細は各自治体、都道府県に問い合わせのこと。）

・（措置費）地域支援担当の心理担当職員の配置（施設内の心理担当含めると計 2 名配置可能になった。）

・（措置費）親子支援事業（親子関係再構築支援に関しての支援）

・（措置費）自立生活支援事業（母子生活支援施設も使えるようになった。入所中でもアパート体験等が可能になった。）

・（措置費）自立支援担当職員の配置（母子生活支援施設にも配置できるようになった。アフターケアと地域支援を担当する。）

・（措置費）一時保護実施特別加算実施要項の改正（対象施設を母子生活支援施設にも拡充。母子生活支援施設でも児童の一時保護が可能になった。）

・（補助金）妊産婦等生活援助事業（看護師や助産師等専門職を配置可能）

・（補助金）産後ケア事業（産後ケアの場所として母子生活支援施設が可能となった。）

・（補助金）ひとり親家庭等生活支援事業（ひとり親家庭等生活向上事業母子生活支援施設を活用して支援を行う。いわゆるミドルスティ）

・（補助金）支援対象児童等見守り強化事業（地域の要支援家庭にアウトリーチをして支援を行う。）

・（補助金）児童養護施設等高機能化・多機能化モデル事業（先駆的取組みに対して支援をする事業。）

第 5 節　地域支援やアフターケアを支えるための本体機能の強化と措置費体系と今後の方向性

今後、母子生活支援施設が高機能化・多機能化を進めるにあたり、どのよう

な前提条件が必要であろうか。全母協からは、「暫定定員の設定による職員数が減ることで施設運営が安定しない現状がある。定員の充足率だけでなく、緊急性の高い事案への対応実績や地域ニーズに対する実践を考慮した評価が行われ、安定した施設運営が継続できる制度を検討していただきたい」(全母協2021.9.17　第34回社会保障審議会児童部会社会的養育専門委員会提出資料) という提案がなされている。これは、現在暫定定員になっているのは43.7%(87施設／199施設中、全母協2023) であり、それに対する国としての手立ての検討と、母子生活支援施設が日々緊急性の高い DV 被害家族の支援や緊急一時保護や地域支援を積極的に行っていること等に対して国がきちんと評価することで、本体施設の経営の安定に対する支援が必要であると訴えているのである。

　また、母子生活支援施設がさらに高機能化・多機能化し、「ひとり親家庭支援センターの創設とアウトリーチの拠点になる(全母協2015)」ためには、入所世帯はもとより地域のさまざまなニーズに応えるために、現在実施されていない事業の新規創設や現在も実施されている事業の拡充など、取り組みを可能とする法制度・施策の整備が不可欠である。特に重要なのは職員配置の充実と処遇改善である。高機能化・多機能化をさらに加速させるためには、本体施設の職員配置の抜本的な改善とともに、地域の子育て支援にかかる多様な機能に十分な職員体制をもって取り組めることが必要である。加えて、人材の確保とともに定着と育成を図って専門性を向上させ、「ひとり親家庭支援センター」機能をさらに高めていくために、職員の大幅な処遇改善は欠かせない。

　今後の家庭養護のありかたとして、「全国家庭推進ネットワーク幹事会」が「２本の柱と６項目」を提出しているものが参考になると考える。その中で「ソーシャルワーク系事業を社会福祉事業として児童福祉法に位置づけること」、「民間機関が新たな事業に踏み出し、その質を向上させていくインセンティブになるように措置費体系との抜本的な見直し」を提言している。また、「実親家庭への指導、家庭復帰に向けた家族再統合支援、ソーシャルワーク系

支援の中でも困難性が高く手薄になりがちな家族再統合支援について別建ての事業とし、基準を設けるとともに、相応の措置費等を支弁できる制度とすべきである」とも提言している（2022児童福祉法改正により都道府県の責務になった。）。さらに、「母子（親子）一体型支援制度の創設」として、「虐待予防等の観点から、ひとり親家庭の子ども及び家庭に対するアセスメントやケアマネジメント、訪問支援や家族再統合支援、自立支援等を親子一体として効果的に実施することが出来るよう、母子生活支援施設や乳児院等を支援主体として想定し、母子（親子）一体型の支援体系（措置または契約による）を児童福祉法に創設する」としている（全国家庭推進ネットワーク幹事会2021）。

「全国家庭推進ネットワーク」の提言は、ひとつの方向性を示していると思われる。それは、母子生活支援施設の特長である「母子一体」での支援の方法が、これまで述べてきた国が未解決で不足していると考えている事項（再掲）、「①児童福祉施設から地域へ戻る際の支援が手薄、②社会的養護施設経験者へのアフターケアが行き届いていない、③家庭への支援メニューの種類、量が不足している、④親子関係への直接支援が少ない、⑤就学期以降の児童自身が利用できる支援が少ない、⑥未就園児に対する把握の機会が少ないということ（厚労省2021）」について、有効な手立てになり得る可能性を示唆している。

第5章　親子関係再構築支援の事例（高機能化）

【社会的養護施設（児童養護施設・母子生活支援施設）を利用した親子関係再構築支援の取り組み】

1　はじめに

　社会的養護施設（児童養護施設、母子生活支援施設）の施設機能を利用して、親子関係再構築支援の取り組みを行ったケースについて報告する。子は児童養護施設に3年間入所後、母子生活支援施設に母子で2年間入所、母子が再統合する前は、母は婦人保護施設（2024年からは、女性自立支援施設）に3年間入所していた。その後母子での地域での生活をし、高校進学、施設で行っている無料塾に通いながら、今後は自立支援をどのように考えていくかが課題になっている。（※事例を報告するにあたり、個人が特定されないように加工を加えつつ、本人の承諾をとっている。）

2　支援経過

　＜入所前の状況＞

　母は繁華街で非正規労働者として働き、未婚で子を出産。家賃が払えなくなり婦人相談所（2024年からは、女性相談支援センター）に一時保護を求めた。子は当時4歳であったがおむつが取れておらず、足首にやけどの跡があったことから、ネグレクトの疑いで児童相談所に一時保護となった。母は心理判定の結果軽度の知的な遅れがあることがわかった。母はその後婦人保護施設に入所し、子は児童養護施設への措置となった。

　＜児童自立支援計画＞

　児童相談所の児童福祉司は、子を措置した法人の児童養護施設が、他に母子

生活支援施設も経営していたので、児童養護施設退所後は、母子生活支援施設での親子関係再構築支援を予定した自立支援方針を立てた。

＜児童養護施設入所中のこと＞

子は、児童養護施設で幼児期の3年間生活した。子にも軽度の知的遅れと、こだわりがみられたことにより、早い時期から心理職によるセラピーを行っていた。また個別学習も同時に行っていた。

＜婦人保護施設での生活＞

母は月2回の子の面会を行い、婦人保護施設の就労支援の結果就労して貯金もできるようになった。また外泊は、婦人保護施設の特別なはからいで施設内での宿泊を認められてそこでの外泊を重ねた。

＜母子生活支援施設入所＞

3年間の児童養護施設での母子交流を経て、子が小学校に入学するのを機に、母子生活支援施設への入所となった。子は母子生活支援施設の近くの小学校の特別支援学級に通った。母は引き続き就労をして、子は施設内の学童保育に通い2年間を過ごした。

＜母と子への支援＞

母は仕事を休まず通っていたが、家事が苦手で自室はゴミが溜まっていた。職員が一緒に掃除をしたり、母が仕事に行っている間に子と職員が掃除をした。母には子の服や靴を買うことを促したり、金銭の管理、整理・片付けなど支援してきた。また学校の提出書類の記入の手伝いを職員が行った。

子はこだわりがあり、コミュニケーションの支援が必要であった（子が発した言葉がどのように他児が感じるのかを子に返していった）ので、施設内の学童保育では、人付き合いの方法を学ぶ場になった。また母が日常のしつけの方法を自身の生育歴の中で学ぶ機会がなかったこともあり、その方法を母ができるよう支援してきた。また、子との遊び方を知らなかったので、招待行事（デイキャンプ）や遊園地を紹介して母子で出かけるように促し、観たい映画を子

がきちんと母に言えるように支援した。

3　考　察

＜婦人保護施設での母の生活の安定への取り組み＞

母は男性に利用されていた状況にあり、子は結果としてネグレクトの状態にあった。子が児童養護施設に入所している間、母は婦人保護施設で生活をした。男性と別れ、自立して行くこと、ボーダーライン上の能力であったので、手帳を取得するか、資格を取らせるか婦人保護施設では迷ったようだが、母の希望で介護の資格をとることになった。資格取得後、障がい者の介護の仕事に就き、母自身の生活の安定を図ってきた。この３年間で母子再統合の準備がなされた。

＜子の課題への取り組み＞

子は発達に軽度の遅れがあり、幼児期から心理士によるセラピー、個別学習支援を行った。児童養護施設入所中に、小学校を特別支援学級に就学する選択をする。理由は小学校低学年の内に学習のつまずきが予想され、学級変更等母にはできないことが予想されたためである。

＜母子生活支援施設のアフターケアの機能を使い母子の地域生活を支える＞

母子生活支援施設を退所後も施設内学童保育に週５回通い、母が夕方迎えに来るまで施設で子は待っている。迎えの時に母の生活相談を行っている。子への個別学習支援も継続した。また、土日子どもが希望すれば、学童保育の部屋の開放に遊びにきた。施設の行事であるキャンプや料理教室、クリスマス会などの集団の経験も子の成長に寄与している。定期的にアパートにも職員と子どもが行き、片付けを手伝った。

4　まとめ

母の強みは働くことをやめないことであり、経済的には裕福ではないが、自分たちで生活を支えている。しかし、子の教育やしつけに関しては母の弱みであり、学校や施設での体験、施設職員との関わりの中で子自身が多くの学びを

していると思われる。母の不足している部分を社会的養護施設の機能で補っている。

　しかし、そのかかわりは、母が第一義的に子の監護者であるので、その主体性を損なわないように、母を差し置いて施設職員が出過ぎないように、母の同意を得ながら支援を行っている。

　子の養育の代替機能である児童養護施設で一時期養育を担い、その間婦人保護施設で母の生活の安定を図りながら、母子生活支援施設での親子関係再構築支援を行い、退所後は母子生活支援施設のアフターケアー機能で、地域の母子を見守るということができた事例である。母子のその時々の課題を社会的養護施設が肩代わりしながら、母と子の生活を準備してきた。

　今後は、子が思春期を迎えて、子は体の成長、異性との付き合い、母との葛藤の時期を迎える。子の思春期から自立期に、社会的養護施設が側面的に母子に具体的な支援をしていくことが重要であると考えている。

第6章　産前・産後母子支援の取り組みの事例（高機能化）

【リフレこのえの産前・産後母子支援の取り組み】

1　産前・産後母子支援を行う目的

　リフレこのえで産前・産後母子支援を考え始めたのは、2017（平成29）年ころである。全母協の研修等で見聞きをし、特に神奈川県は産前・産後母子支援を進めていたことが一つの刺激になっていた。まず施設として、産前・産後母子支援を導入する意味は何かということを考え、4つの目的を設定した。それは、①施設の機能強化、②厚生労働省「新しい社会的養育ビジョン」の要請があること、③経営戦略の視点として、10年後まで安定した入所率確保のため、④「子ども・女性・家族」を支える施設・法人になる、というものだった。

2　神奈川県の母子生活支援施設の見学

　産前・産後母子支援を先行して行っている神奈川県の母子生活支援施設「くらき」を見学した。具体的な職員体制や準備物、アセスメントシートなど貴重な資料を得た。横浜市が入所中の母親に対して助産師訪問（10回）の支援を行っていることなど、参考になることが多かった。退所後は、アパート転宅、乳児院入所、母子生活支援施設入所などのすすみ方があることなど短期間でのアセスメントが必要であるとわかった。

3　産前・産後母子支援を行うにあたっての現場の不安

　当時、施設内で産前・産後母子支援の話をしても反応は鈍かった。若い職員も多い状況で、出産経験のある職員は数人にすぎなかった。また、産前・産後母子支援を進めるにあたり、医療的知識不足の不安があった。医療関係者がいないことでの緊急対応などの不安である。このことは、多くの施設長が今でも

抱いているのではないだろうか。リフレこここのえでの見解は、産前・産後母子支援を進めるにあたり、医療職が必ずしも必要なことではないと考えている。ここに至るまでかなりの議論と研修をしてきた。まず、医療的知識を得るために、助産師に5回にわたって研修を受けた。助産師の話しから「医療的な見地のことは、基本的なことを押えればいい。例えば、この状態は正常、この状態は異常とかがわかることが大切である」と学んだ。「医療的なことは、医師や助産師にまかせればよい」との助産師の研修での言葉が私たちの不安を少し和らげた。また、講義をした助産師自身出産の経験はない人で、そのこともかえって若い職員にはよかったように思う。

4　プロジェクトチームの立ち上げ

施設内に、プロジェクトチームを立ち上げて半年間の討議を行った。母子支援員2名を指名した。ひとりは、出産経験のある職員ともうひとりは、出産経験のない職員である。プロジェクトチームといってもこの2人と施設長の計3人である。検討素案を作って、それを職員会議で議論した。その中で多くの時間を費やしたのは、産前・産後母子支援を母子生活支援施設で行う意味とは何かということであった。

5　医療施設ではない「生活施設」の役割は何か

婦人保護施設（2024年からは、女性自立支援施設）慈愛寮の元施設長の細金和子氏を招いて講義を受けた。その中で、「母自身の回復によって、子どもが守られる」、「施設の役割は、母自身が『終わっていない子ども期』を取り戻していく道筋を支援する」などの言葉を得た。講義を受けてさらに職員間で討議を進めていき、自分たちなりにまとめた。まず入所してくる母親の見方（母親観）は、「子ども期が終わっていない母」という認識をする。次になぜ母子生活支援施設で産前・産後母子支援を行うのかという問いに関しては、「ひとりで子育てなど出来る人はいない。だから、もともと人は多くの人の中で子育てをしてきた。たくさんの人に抱っこされると子どもは幸せになる。そこで、母

子生活支援施設で一緒に育てる」とした。次に支援の意味としては、「母親にとっては、この出産が人生のターニングポイントになる。普通の生活を初めて経験する機会でもあるかもしれない。この子と一緒にくらしていこうという気持ちになることを支援する」とした。支援のコンセプトとして、「家庭支援の視点」を持ち、「ケアラー（母）」を支える、「母をエンパワーしていく」、「母を幸せにすればおすそわけが子どもにいく」こととした。

　このようなコンセプトにした理由は、「虐待防止、リスク管理」という視点だけでは、母を監視・責める支援に陥る可能性があるので、そのような考え方のみにならないことに気をつけるためである。支援の力の配分は、母（7割）対子ども（3割）とした。子の成長等は保健福祉センター等にみてもらうことで母親支援に注力することにした。さらに、職員の利用者を受け入れる気持ちとして、「21世帯目として考える」ことにした（リフレここのえは定員20世帯なので）。

6　保健福祉センターとの連携

　当時の八王子市保健福祉センター主査（以下、保健センター）から、八王子市の特定妊婦支援の状況や産後ケア事業等の講義を受けた。保健センターの保健師は、若年の妊婦や駆け込み出産等を一手に引き受けており、いっときを争うような支援も行い、機関として孤軍奮闘している印象を受けた。母子生活支援施設が産前・産後母子支援を取り組もうとしていることにとても関心を持ってくれて、今後できることは協力するとの言質を得た。その中で、出産を受け入れてくれる病院が必要だった私たちに市内の大学病院が受け入れてくれること、医療ソーシャルワーカーとつないでくれることになった。ここまでの経過を踏むことで、施設内でようやく産前・産後母子支援を行っていこうという機運が出来上がりつつあった。

　次に産前・産後母子支援の愛称を施設内で募集した。この事業を自分たちで育てていってほしいということが願いで愛称を募集したいくつかの候補の中か

ら、「Sun・Sun・Smile（サンサンスマイル）」プログラムと決まった。（ちなみに「サン」はお「産」に掛けている）。

7　具体的準備

　産前・産後母子支援で必要な準備物と考えておかなければならないことは何かを検討した。神奈川県にある母子生活支援施設のマニュアルを参考にした。備品で必要な物は何か（ベビーバス、ベビー布団、ベビーサークル、体重計、ベビーセンサー等）。消耗品はどこまで提供するのか。通常の緊急一時保護では無いものについてはどうするか。外泊はどうするか。インケアの人との交流はどうするか。外出の際の取り決めはどうするか。買い物代行はどうするか。出産後の施設内保育はどうするか。出産の費用をどこからだすか（生活保護の場合は入院扶助を使う。社会保険の場合は出産一時金。無保険はどうするか等）想定されることを考えてきた。

8　入所の打診から終結までの流れ

　産前・産後母子支援で、緊急一時保護の依頼があった場合の手順のフローチャートを作成した（図4参照）。依頼があったらまず、関係者会議を開催する。要保護児童対策地域協議会としての枠組みで行うかは、母子の状況で判断する。市区の母子・父子自立支援員とは必ずアセスメントの会議を行う。関係者として想定されるのは、市区の母子・父子自立支援員、保健センター保健師、児童相談所、子ども家庭支援センター、助産師、社会福祉協議会等である。入所時の特定妊婦支援会議（アセスメント会議）で重要なのは、退所後の方針である。神奈川の先行事例を聞くと、統計調査がないので、正確ではないが、神奈川県の母子生活支援施設での実践の中での感覚として、おおよそ三分の一が地域での生活が可能、三分の一が母子分離で児童相談所の保護、残り三分の一が母子生活支援施設入所になるという。母親の育児に関する関心・知識・意欲等をみながら、退所後の方向性を想定することが重要であると思われる。その間に母子・父子自立支援員や児童相談所、子ども家庭支援センター等が家庭調

58

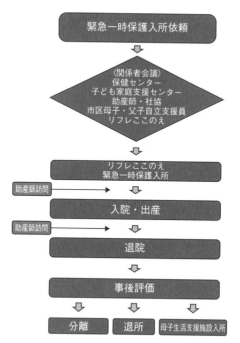

図4　産前・産後母子支援実施におけるフローチャート　筆者作成

査を行い、総合的にアセスメントすることが重要であると思われる。このこと
は、厚生労働省が母子生活支援施設に求めている「親子分離についての入所前
アセスメント機能の充実化（母子生活支援施設の活用促進：児童相談所、乳児
院、児童養護施設等との連携）」と符号する施設機能であると考える（厚生労
働省2017）。

9　妊娠中の母子の入所依頼

　産前・産後母子支援を準備しているさなかに入所依頼があった。ひとりの幼
児を持つ妊娠中の母親であった。緊急一時保護ではなく一般入所であったが、
受け入れをした。受診歴はあったので、市内の大学病院の医療ソーシャルワー
カーに連絡して出産病院をまず確保した。そして「出産送迎タクシー（陣痛タ
クシー）」に予約をしてひとまずの準備を終えた。きょうだいがいたので、母

親にどうしたいか聞くと、見てもらえる親族等はいないとのことだったので、施設から児童相談所に連絡をして出産時の保護を依頼した。母親はごく短期の保護を希望したが、新生児の世話と母体の回復を考えて1か月程度の保護を依頼し、出産予定日の数日前にきょうだいは保護された。いよいよ出産が近づいてきて、宿直の職員は少し緊張していたようである。陣痛が始まったら、病院に連絡して入院のタイミングをはかるようにするのと、破水等異常な事態の時はすぐ救急車の手配をするように職員間で確認をした。いよいよ出産が近づいた頃に、産前・産後母子支援のプロジェクトの時に講習をした助産師に再度きてもらい、出産時の動き等の復習を行った。

10　入所後の対応

　今回は、本入所中の出産ケースを受け入れるのが初めての経験であり、職員は、漠然とした沢山の不安を抱えていた。自分たちが出来る支援は何だろうか、どのようにすれば母が安心して出産できるだろうかと日々考えながら、関わった。母親が安心して出産できるよう、あらゆる事態を想定していつどの職員が関わっても良いように、マニュアルを作成した。また、各関係機関（市区の母子・父子自立支援員、児童相談所、病院）と情報を共有しながら支援を進めてきた。病院では、名前の公開について（元夫のDVがあったため）、緊急時の対応方法、面会制限、出産の流れ等、出産に向けて多くの配慮をしてもらい、医療ソーシャルワーカーと密に連携することが出来た。出産前には、子どもの名前のことや、これからのことを母親と職員で語ったり、入院中に職員が訪問をした。子どもを一緒に迎えることを喜び・楽しみにしながら、家族のように関わっていくことの温かさを経験してもらうことが母親にとって一番の「安心感」につながるのではないかと感じた。産前産後の支援においては、産後のケアはもちろん重要であるが、産前の関わりが産後の関わりに大きく影響してくるのだと感じた。出産に向け、多くの不安がある母親に寄り添う事（気持ちを吐き出すことが出来る、思いが伝えられる、気持ちを受け止めること）が大切

な支援で、母子生活支援施設の役割であると感じた。

　出産すぐに連絡を受け、病院に駆けつけた。母親は思っていた以上に健康で元気な様子を見せてくれた。スヤスヤと眠っている子どもに会うことができ、「よく産まれて来てくれたね、おめでとう、嬉しいね」と母と一緒に喜んだ。5日後、親子が無事に退院することができ、施設に帰ってきた。職員皆で出産を喜び、花束を渡して親子を迎え入れた。迎え入れてから職員が居室に入っての支援が始まった。交代勤務の中、毎日職員が居室に入り、母と話し子どもをみながら、ご飯を作ったり、洗濯物を干したり、子どもの沐浴・入浴中の預かり、買い物代行など、日常生活の支援をした。居室に入ると、時間があっという間でいつの間にか時間が過ぎてしまうほど、職員も夢中になっていた。

　各専門職との連携に関しては、助産師等に医療的な部分を補ってもらうことが出来るため、私たち施設職員は母親に寄り添いながら、一緒に子どものことを考えたり、出産を共に喜び、同じ気持ち・同じ時間を共有したりすることが産前・産後支援に本当に必要な支援なのではないかと感じた。その後きょうだいは、里親さんに可愛がられたようで児童相談所から元気に戻ってきた。

11　母親の言葉

　実際に出産した母親に聞いてみた。母子生活支援施設との出会いは、母子手帳をもらった時に保健師に、「不安ありますか」と聞かれたことがきっかけだった。「自分の家族のことを考えると、経済的に苦しいし、子どもを育てる環境があまりよくない。産んでいいかわからない状態だった」とのこと。そして、「ひとりで自分だけで産んで上の子の面倒みられるか心配」とのことだった。リフレこここのえにきて「他愛ない話が新鮮」、「ひとりで悩まないでいられる」との感想をもったという。出産後は、職員が実家のように手助けをしてくれた。「職員にご飯作ってもらって、自分がお風呂に入るときは職員が赤ちゃんを見てくれた。家事、洗濯もの、食器を洗ってくれたりして、とても助かった」という感想だった。

12　母子生活支援施設で産前・産後母子支援をする意味（「予防的地域支援」としての「母子保健機能」の付置）

　井上（2018）は、子ども虐待の対応の視点について、「『早期発見→保護』から『予防』の時代に入った。（中略）虐待への介入よりも、子育てがうまくいかない養育者を支援するという概念が主流となってきた」と述べている。

　現在東京の母子生活支援施設に入所している母親の年齢構成は、10代から30代までの母親は、30.3％を占めている。また子どもは乳幼児が、全体の52.1％で半数以上を占めている。この数字は、ここ数年同じような水準で推移している（東京都社会福祉協議会母子福祉部会2020）。母子生活支援施設は、これまで主に「子育て支援」の枠組みの役割を担ってきた。例えば、母親が原家族から子育ての伝承がなされなかったことや子どもの育て方がわからない、またその能力が少ない、または支援者がいないなどの理由等によって、支援を受けながら子育てをしてきた。今後はさらに周産期の支援が必要な母親の増えることが予想され、先に述べた虐待死亡の「実母の心理的・精神的問題等」は、「養育能力の低さや、うつ状態である」との検証結果がでており、このような母親の支援は、実は母子生活支援施設の得意なところではないだろうか。虐待予防対策も含めた、「予防的な地域支援」としての母子生活支援施設の役割が重要になってくると思われる。母子生活支援施設が、今後は、「子育て支援機能」と「母子保健機能」を兼ね備えた施設となることで、より社会的な要請に応えられる施設になると考える。これは、こども家庭庁の設立のひとつの目的である児童福祉と母子保健の一体的運用と符合するものであると考える。

第7章　外国籍家庭支援の事例
（高機能化）

　母子生活支援施設における外国籍世帯に対する支援の実際（実践報告）—「令和2年度子ども・子育て支援推進調査研究事業　児童養護施設等における外国籍等の子ども・保護者への対応等に関する調査研究」を参考にしながら—

はじめに

　「令和2年末現在における外国人の中長期在留者数は258万2,686人、特別永住者数は30万4,430人で、これらを合わせた在留外国人数は288万7,116人となり、前年末（293万3,137人）に比べ、4万6,021人（1.6％）減少した。男女別では、男性が142万9,471人（構成比49.5％）、女性が145万7,645人（構成比50.5％）となり、いずれも減少した」という（出入国在留管理庁2021）。政府は、移民政策は取らないとしながら、実際は300万人弱の外国籍の人々がすでに日本に住んでいることになる。

　令和2年度に、母子生活支援施設を含む社会的養護施設や自立援助ホーム、児童相談所等に対して、全国的な調査が行われた（みずほ情報総研2021）。筆者もその末席に連なって調査に関わった。この中で、社会的養護施設に入所している外国籍親子が直面している課題とそれを支援している支援者の苦悩が明らかになっている。本論では、本調査を参考にしながら、母子生活支援施設に入所している外国籍の母子が抱えている課題とそれに向き合っている具体的な支援を紹介しながら、支援するにあたり、どのような社会の仕組みが必要なの

か、またあまり世間に知られていない母子生活支援施設の機能と役割も併せて
理解が進めば筆者としてはありがたいことだと考えている（注：本論文では、
「外国人」、「外国籍」等を使用している。引用文献や文脈によって使う言葉が
違うことがあることをお断りしておく）。

Ⅰ．社会的養護施設における外国籍家庭の状況

　厚生労働省（2021）は、有識者を集めて「令和 2 年度子ども・子育て支援推
進調査研究事業　児童養護施設等における外国籍等の子ども・保護者への対応
等に関する調査研究（以下、「外国籍等調査」）」を行った。その目的は、「本調
査研究では施設等における外国籍等の子どもとその保護者に関する実態の把
握、課題の整理を行い、あわせて、施設や自治体で行っている対応に関する取
組・工夫についても収集し、必要な支援に資することを目的とした」、「外国籍
等の子ども・保護者の人数や置かれている環境、子どもや保護者の有する課
題、支援上の課題や施設等の取組内容といった実態把握を行うことを目的」と
して実施したとある。対象は、「①社会的養護関係施設（乳児院、児童養護施設、
児童心理治療施設、児童自立支援施設、自立援助ホーム、母子生活支援施設）
を対象とした『社会的養護関係施設調査』、②児童相談所（里親、ファミリーホー
ム）を対象とした『児童相談所調査』とし、各調査を外国籍等の子ども・保護
者の養育・支援に関する課題や対応等を把握するための『施設票』と、入所し
ているまたは委託されている外国籍等の子ども・保護者がいる場合に、当該子
ども・保護者の詳細な状況を把握するための『個人票』により構成した」とあ
る。「社会的養護関係施設調査」は、「1,238件発送して、673件が回収されて、
回収率は54.4％」であった。外国籍の子どもの入所児童数の 1 施設あたり平均
は、「乳児院1.0（人）」、「児童養護施設1.1（人）」、「児童心理治療施設0.5（人）」、

「児童自立支援施設0.6（人）」、「自立援助ホーム0.2（人）」、「母子生活支援施設1.9（人）」であった。入所種別でみると母子生活支援施設が外国籍の子どもの入所が一番多いのがわかる。また、1人以上の外国籍等の子どもが「いる」と回答のあった施設割合は、乳児院では「38.7％」、児童養護施設では「39.8％」、児童心理治療施設では「34.3％」、児童自立支援施設では「34.0％」、自立援助ホームでは「15.1％」、母子生活支援施設では「44.9％」であった。また、各施設に入所している子どもの人数に占める外国籍の子どもの人数の割合を、施設種別ごとに集計した結果についてみると、「0％」を除いて、自立援助ホーム・母子生活支援施設では「20％以上」が最も多かった。

　調査から明らかになった事項について、ここでは特に母子生活支援施設のみ取り上げる。「調査結果を踏まえ想定される事項について」は、「母子生活支援施設では他の施設種別と比較して、外国籍等の子どもが入所している施設の割合が高い傾向が伺えるが、一方で子どもの国籍は日本が一番多い。保護者（母親）が日本人男性と離婚した際、子どもは日本国籍になったものの母子世帯になり、言葉や就労スキルの課題から養育困難、経済破綻となって施設入所に至ったというケースも想定される。これは日本の母子世帯の生活の厳しさが深刻であることとも通じており、ひとり親世帯の子育て支援の課題の深刻さを表すものと考えられる」と述べている。

Ⅱ．母子生活支援施設の外国籍の世帯の入所状況

　全国母子生活支援施設協議会（2021）によると、2020年度の全国の母子生活支援施設の現員世帯2,963世帯中、母親が外国籍の世帯は203世帯で現員世帯に占める外国籍の世帯の割合は「6.9％」であった。2004年は「5.9％」、2006年は「9.6％」、2008年は「6.8％」、2010年は「9.3％」となっており、年度によりば

らつきがあるが、一定数が入所している状況がわかる。全国規模の外国籍の母
子の状況はここまでしか情報がないので、東京都社会福祉協議会母子福祉部会
（以下、母子福祉部会）の調査からみていく。東京の母子生活支援施設34施設中、
2018年 4 月 1 日の外国籍の世帯数は「62世帯」で、「フィリピン国籍27世帯」、「中
国籍18世帯」、「韓国籍 5 世帯」、「その他12世帯」になっている（母子福祉部会
2019）。2019年 4 月 1 日の外国籍の世帯数は「53世帯」で、「フィリピン国籍22
世帯」、「中国籍16世帯」、「韓国籍 5 世帯」、「その他10世帯」になっている（母
子福祉部会2020）。2020年 4 月 1 日の外国籍の世帯数は「41世帯」で、「フィリ
ピン国籍17世帯」、「中国籍 6 世帯」、「韓国籍 4 世帯」、「その他14世帯」になっ
ている（母子福祉部会2022）。2020年度の現員世帯（466世帯）に占める東京都
内施設の外国籍の世帯の割合は8.8％であった。全国が6.9％（全母協2020）で
あり、全国調査より東京都の方が若干高い入所率であることがわかる。2020年
の「その他」の入所世帯の国をみると、「ブラジル、フランス、スリランカ、
セネガル、ウガンダ、モロッコ、アゼルバイジャン、ポーランド、モンゴル」
であった（母子福祉部会2022）。東京の 3 年間の調査によると、入所数の順位は、
フィリピン、中国、韓国の順で変わらず、国の種類は多岐にわたっている。

Ⅲ. 母子生活支援施設における外国籍世帯に対する支援の実際

　以下に事例を通じて具体的な支援の概要を述べていく（個人を特定できない
ように加工を加えかつ事例提供者より了解を得ている）。

事例 1

国籍	入所理由	在留資格	家族構成	課題	支援	結果
ベネズエラ	身体的・性的DV 子への身体的・心理的虐待	母：永住者 子：日本人 夫：日本人	母（28） 長男（3）	離婚 経済的自立	法的手続き 同行支援 補助保育 就労手続き 住居手続き	離婚成立 就労継続 貯金ができた 親族宅への転居

【内容と支援】

　母親の国籍はベネズエラ。夫から母親へのDVと子どもへの虐待で入所。離婚調停、裁判の法的支援の時に難しかったことは、離婚の手続き書類として「婚姻要件具備証明書（いわゆる独身証明）」が必要だった。これを大使館で請求したが、なかなか請求が通らず対応が難しかった。スペイン語の通訳はいたが、弁護士相談の時に母親の意思をきちんと伝えるために職員が同行した。

事例 2

国籍	入所理由	在留資格	家族構成	課題	支援	結果
韓国	精神的DV 子への身体的・心理的虐待	母：永住者 長女：永住者 次男：永住者の配偶者等 夫：韓国人（永住者の配偶者）	母（30） 長女（3） 次女（2）	離婚 経済的自立	法的手続き 同行支援 補助保育 就労手続き	離婚裁判継続 貯金ができた

【内容と支援】

　母親の国籍は韓国。夫から母親への精神的DVと子どもへの虐待で入所。母親の両親は韓国人で母親は韓国で出生。3歳で実父母離婚、5歳で実母が再婚し、継父が日本人でありその後来日した。夫は韓国人で在留資格が永住者の配偶者等だったことで、夫婦が別居になったことで在留資格を失い夫が日本にいられなくなり韓国に戻った。そのことで裁判の手続きが進まなくなった。その

ため別居している事実を積み上げての離婚の成立を目指した。次女は定住者（定住の更新を続けないと永住権をとれなくなった制度変更のあった時期）であったので手続き支援を行った。

事例3

国籍	入所理由	在留資格	家族構成	課題	支援	結果
トルコ	身体的・精神的・経済的DV	母：定住者（日本人の配偶者）子：日本国籍夫：日本国籍	母（40）長男（5）次男（3）	離婚経済的自立	法的手続き同行支援補助保育学童保育日本語学校就労手続き住居手続き	離婚裁判継続中日本語能力試験合格就労継続都営住宅入居

【内容と支援】

　母親の国籍はトルコ。夫から母親への身体的・精神的・経済的DVで入所。通訳者の少ない言語なので、英語話者の通訳を入れながらも簡単な日本語で本人や弁護士に伝える支援が必要だった。夫が生活保護のため本人の在留期限が一年だったことで、携帯電話等契約行為の審査が通らないことがあり、契約可能な会社の選別、担当者への事情の説明等を支援した。係争中であることを在留資格とし、半年ごとの在留期限の延長手続きを手伝った。母の話しを日本語に書き起こし、裁判で使用する陳述書等を作成することを職員が支援した。また、就労支援機関との連絡調整や就職後に会社との仲立ちや、就業規則を一緒に確認する支援を行った。保育園との情報共有や子どもへのかかわり方を職員が伝えた。日本語の学習をオンラインで行い、日本語能力試験N3に合格した。

事例4

国籍	入所理由	在留資格	家族構成	課題	支援	結果
インドネシア	身体的・精神的DV 子への性的虐待	母親：永住者 子：日本国籍 夫：日本国籍	母（48） 長男（9） 長女（7）	離婚 経済的自立	法的手続同行 学童保育 日本語学習 就労手続 住居手続き	離婚裁判継続中 日本語能力試験合格 就労継続 生活保護廃止

【内容と支援】

　母親の国籍はインドネシア。夫からの身体的・精神的DV、子への性的虐待で入所。他県からの入所。その県では外国籍母子の法的支援が難しいということで都心の施設に入所依頼があった。母は日本語がほとんど話せず、また日本での生活経験も乏しかったため母の意向や子どもの様子等を弁護士に伝えることや、転出・転入、学校転校などの手続き、生活保護のことなどほぼすべての手続きに同行支援した。金銭管理や貯金の仕方、振込の方法等生活に関する支援を行った。信仰を持っていたが安全上の理由で教会に行けなかったのでその代わりのお祈りの時間を家族で作っていた。母の意向を汲み施設で行われる他宗教の行事を内容変更する等の調整を行った。

事例5

国籍	入所理由	在留資格	家族構成	課題	支援	結果
フィリピン	養育困難 居所なし	母：定住者（日本人の配偶者の未成年の連れ子） 長女：無国籍（後に日本国籍） 未婚：日本人の父親が認知した	母（18） 長男（0）	高校卒業 子の養育 子の国籍取得 母親の在留資格変更	法的手続き 補助保育 高卒資格取得 住居手続き	子の認知 高校卒業 在留資格変更 公営住宅入居

【内容と支援】

　母の国籍はフィリピン。養育困難と居所なしで入所。母は定住者（日本人の配偶者の未成年の連れ子）であった。入所時18歳であり、在留資格の要である実母と同居していないことや20歳で就労ビザに変えなければならないことなど在留資格が不安定であった。パートナーは日本人だが未婚。長男は無国籍の状態だったので、パートナーからの認知によって日本国籍を取得することを目指した。入所中に実母に国外退去の可能性が出てきた。在留資格の要の実母が国外退去させられると母親も国外退去の可能性があったため、子の日本国籍取得後に「日本人の子どもを養育している母親」という在留資格を早急に手続きする必要があった。支援の過程で、対人関係でうまくいかなくなることがあり、愛着障がいか、育った国の文化なのか、関係機関はその見立てに苦慮した。

Ⅳ．母子生活支援施設の外国籍世帯の支援の特長

　事例からもわかるように、外国籍家族を支援するにあたり、まず在留資格をどうするかということが当面の課題になる。特に事例5は、実父母がフィリピン国籍で母親は未成年であり、子どもは無国籍という状態、実母は国外退去の恐れがあるというぎりぎりの状況があった。まず在留資格を明確にして、日本における身分を確保することが支援の基盤になる。母子生活支援施設の支援は多岐にわたる。これは現実に支援をする中で現場の職員が必要に迫られて行ってきたことである。ここでは具体的な支援の統計はないので、当施設の支援という限定をしながら論を進めていくことをお断りしておく。

　外国籍家族が抱える「複合的な壁」として、「外国人支援に関して、外国人は3つの壁、すなわち言葉の壁、制度の壁、心の壁、があると言われることが多かった。2018年に日本社会福祉士会が発行した『滞日外国人支援基礎力習得

のためのガイドブック』は、新たに、『文化の壁』と『アイデンティティの壁』を加えている」とある（南野2020）。母子生活支援施設では、これら5つの壁に対して日常的に支援を行っている。しかし、「言葉の壁」に関しては、近年はICT化が進むことでコンパクトな翻訳機によってある程度の対応ができてきている事実もある。

　母子生活支援施設の外国籍家族の支援の特長は4点あると考える。1点目は、「同行支援」という特長がある。外国人の「言葉の壁」と「制度の壁」に対して外国籍の母親一人では、日本の複雑な行政の申請手続きは難しい。そこで施設の職員は同行して行政窓口の職員に本人では難しい説明を補足して手続きを進めていく。例えば、母子家庭に支給される児童扶養手当の申請手続きは、その家族の事情を丁寧に説明する必要があり、また継続するためには現況届なども必要である。

　2点目として、「仲介的支援」という特長である。これは同行支援に付随してある機能である。具体的には、子どもの学校や保育所等の入所手続きや外国籍家族の事情の説明等において関係機関に対して仲介的な役割を担うことである。就労についても、ハローワークに母親の仕事の志向・技術・適性について説明をすることでスムーズにすすむことがあり、必要な時は事業所と調整をして就職面接に職員が同席することもある。

　3点目として、「日本文化を生活の中で経験することができること」である。「外国籍調査（2021）」の「文化・アイデンティティに関する課題」の中に、「文化・宗教的背景を踏まえた配慮の要求への対応が難しい」、「日本の文化を学んだり、馴染めたりできるように働きかけている」等の課題と対応に関しての記述がみられる。母子生活支援施設は、子どもたちが保育園・学校等で経験するであろうことを、さらに施設内で行事（節分や七夕等日本の伝承行事）という形で親子が経験する機会がある（クリスマス等宗教に関わる行事に関しては、それぞれの家族の同意が必要であるが）。これらの機会によって、子どもだけ

が学校等で経験して親はずっと日本文化を理解・経験しないという事態を避けることができると思われる。さらに、日本と母国で制度が違う予防接種や乳幼児の健診制度や、病院のかかりかたの違い、病気の予後の対応や経過観察方法など、様々な違いを少しずつ外国籍の母親が施設生活の中で理解できる機会を提供している。

　4 点目として、「母国の文化の尊重ができること」である。施設では、他世帯の生活に影響がでない、日本の法律に触れることでない限り、できるだけ母国の習慣や考え方を尊重することができる場であると考えている。例えば当施設では、母親が母国料理を職員に振る舞うことや、母国料理を職員が一緒に作ることがあった。そういう関わりの中で、自分のアイデンティティの確認ができることもあると考える。

　その他、DV で入所した外国籍の母親は、日本人の夫に支配された生活の中でほぼ日本での生活を学ぶ時間がなかった事例もあった。入所してから、切符の買い方、電車やバスの乗り方、買い物の方法、自転車の乗り方など、いちから日本での生活の術を学ぶことから始めた事例があった。

（まとめ）外国籍家庭に対する母子生活支援施設の支援の 4 つの特長

①職員が「同行支援」をすることができること。

②「仲介的支援」をすることで、関係機関に外国籍母子の現状の説明や意
　向を正確に伝えることができる。

③「日本の文化を生活の中で経験することができること」

④「母国の文化の尊重ができること」

Ⅴ. 今後の外国籍家庭の支援を行うにあたって必要なことは何か（「外国籍等調査（2021）」より）

　「外国籍調査（2021）」では、以下の8点の政策提言を行っている。「今後の課題・提言としては、①言語・学習支援の実施とその展開を図るための仕組みの創設をすること。政策提言としては、日本語及び母国語の補習等の取組、子ども・保護者それぞれの日本語習得支援を行う機関の設置や仕組みの創設をする。②多様性を尊重する、もしくは多文化を基盤とする養育・支援のあり方についての研修制度の確立をすること。政策提言としては、多文化ソーシャルワーク等を学ぶ研修制度の確立と実施をすること。文化に配慮した食事等の生活支援のあり方を学ぶ機会の保障等行うこと。③法的支援（在留資格、国籍、離婚等）を行う仕組みの創設をすること。政策提言としては、母国との交渉等を図る支援や法的支援が民間機関での対応困難な場合の対応を行政機関で支援する仕組みの創設をすること。④通訳・翻訳を行う人材の確保とその配置をすること。政策提言としては、通訳を公費負担にすること（特段の条件、特に回数制限等は設けない）等。⑤日本の制度の理解促進を図るためのパンフレット等の作成をすること。政策提言としては、社会的養護制度等の概要、申請支援の手続き等を母国語で情報発信し、関係機関に配布し、支援につなげること。⑥支援者を支え、その専門性の向上を図るための研修・支援機関の設置すること。政策提言としては、外国籍の方の対応に苦慮した場合の法的支援も含んだ支援者と「伴走」してもらえる機関を都道府県に1か所以上置くこと。⑦就労支援を図るための仕組みの創設をすること。政策提言としてはジョブコーチ制度の創設等（10代の子ども、特に若年母子等）及び保護者の両者を対象としたものを行うこと。⑧保証機関の確立をすること。政策提言としては、入院、就労時やアパート等契約行為に伴う保証人制度の創設をすること（子どもおよび

保護者の両者を対象としたもの）」（筆者要約）。

　これら8点の中で、外国籍の家庭支援を行うにあたり、現場で特に苦慮しているのは、「③法的支援（在留資格、国籍、離婚等）を行う仕組みの創設」、「⑥支援者を支え、その専門性の向上を図るための研修・支援機関の設置、機関を都道府県に1か所以上置く」この二つが大きな課題であり、出入国在留管理局（いわゆる入管）や大使館との折衝等に、一民間施設だけでは限界がある。すぐ相談に乗ってくれる機関が必要で「支援者を支える支援機関」の存在の設置が急務であると考える。

おわりに

　今回深堀してこなかったが、まず日本になぜ諸外国の人々が来ているのか。身近にその姿をコンビニエンスストアなどでみるようになって久しいが、論を進めるにあたり、そもそもの政策の動向をきちんと理解する必要性を感じている。日本経済団体連合会（2004）が、「日本の労働力人口が減少していくなかで、女性や高齢者の力を最大限に活用したとしても、日本人では供給が不足する分野は、今後さらに増えていくことが予想される。その対策としては、まずは労働生産性の向上や就労環境・労働条件の改善を図ることが求められる」とあるように、外国人を「人口減少」、「労働力」という視点からみることがある（日本経済団体連合会2004）。また、「外国籍者・民族的マイノリティの人権保障と、他民族・多文化共生社会の確立のため（以下略）」に政策転換が必要とする論もある（移住労働者と連帯する全国ネットワーク編2009）。「外国人材の活用」という政府の政策等（内閣官房日本再生総合事務局2014）が上流だとすると、社会的養護施設は家族がたどり着いた下流ではないだろうか。例えば、母子生活支援施設に入所する外国籍の母親の多くは日本人等の男性と出会い、いっと

きは家族を作ったがそれぞれの理由により、母子での再スタートの生活をして
いる。下流であればあるほど、支流が集まって社会的な課題が集積されている
と思われる。したがって、その矛盾も大きく渦まいている。下流からみえるこ
とを再度政策提言という形で、家族の幸せを再構成することが外国籍家庭に関
わっている者の務めだと感じている。

第 8 章　自立支援担当職員の業務の事例（多機能化）

【母子生活支援施設のアフターケアと地域支援の展開の方法について〜自立支援担当職員の業務の試行〜】

はじめに

　2021（令和 3）年母子生活支援施設にも自立支援担当職員の配置ができるようになった。これまで専門職員の配置がなかった中でも、母子生活支援施設ではアフターケアや地域支援を行ってきた。しかし、これからは専門職員の配置を使い有効に組織的に行う必要がでてきたのである。ここでは、自立支援担当職員が求められている業務とは何かということを明らかにしながら、具体的事例を示す。

I　自立支援担当職員の業務

1．国が示す自立支援担当職員の業務と条件等（抜粋）

　厚生労働省（2022）は、自立支援担当職員の配置の目的を、「児童養護施設等において、施設等退所前の進学・就職等の自立支援及び退所後のアフターケアを担う職員を配置し、入所児童等の退所前後の自立に向けた支援を強化するため」としている。対象施設として、「児童養護施設、児童心理治療施設、児

童自立支援施設、児童自立生活援助事業（自立援助ホーム）及び母子生活支援施設とする」と規定している。自立支援担当職員の資格要件は、「社会福祉士若しくは精神保健福祉士の資格を有する者、児童養護施設等において児童の養育に5年以上従事した者等としている。その業務内容は、「(1) 自立支援計画作成への助言及び進行管理、(2) 児童等の学習・進学支援、職業指導、就労支援等に関する社会資源との連携、他施設や関係機関との連携、(3) 高校中退者など個別対応が必要な児童等に対する生活支援、再進学又は就労支援等、(4) 施設等退所前からの自立に向けた相談支援等、(5) 施設等退所者に対する継続的な状況把握及び相談支援等、(6) その他児童等の自立支援に資する業務」の6点をあげている。支援回数等は、「(1) アフターケア対象者20人以上かつ支援回数240回以上（対象者1人につき月1回以上を想定）(2) 自立支援担当職員加算：アフターケア対象者10人以上かつ支援回数120回以上、対象者1人につき月1回以上を想定」としている。支援方法は、「ア．アフターケア対象者の職場や自宅等を訪問し、相談支援等を行った場合　イ．アフターケア対象者が施設等を来所し、相談支援等を行った場合　ウ．アフターケア対象者等に対して電話やメール等により相談支援等を行った場合」と規定している。自立担当職員は、心理担当職員の勤務条件と同じように、「自立支援担当職員は当該業務を行う専任の職員とし、施設等の直接処遇の勤務ローテーションに入らないこと」とされている。さらに、「加算要件を満たしている場合には、施設等退所前の自立支援及び退所後のアフターケアだけでなく、必要に応じて、地域の要支援家庭を訪問等して支援を行うことも可能とする」と規定されている。

2．「全国母子生活支援施設協議会の基本的考え方（2021）」の提言

　令和3（2021）年7月の社会保障審議会社会的養育専門委員会に全母協として「基本的考え方」を4点にわたり意見を提出した。再掲すると以下の4点である。1点目は、「母子生活支援施設は、特定妊婦等の安心・安全な出産と母

子の愛着形成をはぐくむ支援、地域生活に向けた『自立支援』を行う（産前・産後支援）。2点目として、「母子生活支援施設は、地域の要保護・要支援状況にある子どもやその家庭を応援するために、その専門性を活かした地域支援に取り組む（地域支援）。3点目として、「社会的養護のもとで生活する子どもと母親を、母子生活支援施設において再統合し、さらに、退所後の地域生活を支援する（親子関係再構築支援）。4点目として、地域で支援を必要とする子どもや家庭を、母子生活支援施設の適切な利用に繋げることが重要である。母子生活支援施設のもつ支援機能に対する正しい理解と活用が望まれる」と提言している。自立支援担当職員は、上記4点の提言の中の2点目の「地域の要保護・要支援状況にある子どもや家族を応援する」役割を担うと考えられる。

Ⅱ　自立支援担当職員の業務の試行

1．リフレここのえにおける自立支援担当職員の業務

　当面の自立支援担当職員の業務の確立を目指して、リフレここのえでは以下の4点の目標を設定した。①年2回アフターケアの母親の集まりを開催する。②自立支援担当職員の協力者を発掘する（社会福祉協議会のコミュニティ・ソーシャル・ワーカーとの協働でボランティア等の組織化）。③個別のアフターケアの世帯の支援を行う（オーダーメイドの支援メニュー作成）。④地域での母子家庭の支援をする組織を構築する。

2．具体的な支援（※事例は個人が特定されないように、加工してある。）

A家

家族構成：母正職員　3歳双子男子　小1女子発達障害

支援方法：①小1女子の登校支援を毎日行う

　　　　　　②母親からの相談を受ける

支援目的：小1女子の登校を安全に行うことと、母親の送迎負担軽減。

支援体制：非常勤職員または正職員が朝7：45から8：30まで登校支援を
する。

支援の効果：ひとりで発達障がいの子が安全に登校することができるよう
になった。双子の幼児の送迎負担の軽減による母親の精神的安
定が確保できた。

A家

　施設を退所後、地域で生活をしている長女（発達障害）と双子の幼児を持つ母子家庭である。母親は正職員で稼働し、双子の保育園の送迎等あるので、長女の小学校入学に伴い学校への送迎の付き添いができないということで、施設が支援を行った。登校時の安全の確保のために毎日職員が付き添った。職員だけでは対応が難しかったので、地区の社会福祉協議会に依頼をしてボランティアを確保した。定着するのに半年かかり、安全が確保されたとして終了した。

B家

家族構成：母パート職員　　中2女子　　小5女子　　小2男子

支援方法：①小2男子と小5女子の登校前の食事支援と登校の確認

　　　　　　②家族会議を行う

支援目的：不登校にしないこと。

支援体制：朝の勤務者が対応する。家族会議は退所時の担当母子支援員や
少年指導員、主任母子支援員が対応する。

支援の効果：子どもが遅刻しないで登校ができるようになった。不登校に
ならなかったことで、母親と子どもの葛藤が軽減した。

B家

　要保護児童対策地域協議会の対象家庭であり、長男（小2）は一時期母親からの虐待で一時保護された経過がある。中学生の女子と小学生の男女の4人の母子家庭である。施設で2年間生活後地域で生活している。日常的に家庭内のトラブルがあり、生活が落ち着かない状況にあった。どういう家庭でありたいか自立支援担当職員が家族会議を開き、家庭調整をおこなった。小学生の2人は毎日施設に寄ってから学校に行くが、初期の頃はご飯を食べてこないことが多かったので、朝食を施設で提供した。また最初は遅刻の時間に登校していたが、遅刻しないで登校できている。

C家

家族構成：母正職員　4歳女子

支援方法：登園前に母子が施設に寄り、子どもはシールを貼ってから登園する。母親に子どもの状況を聞き取る。

支援目的：幼児が保育園にスムーズに通えるようになること。

支援体制：母子が施設に来る時の母子の状況を朝勤務の職員が確認する。

支援の効果：幼児が保育園に通うことができるようになった。そのことで母親と子どもの葛藤が軽減した。

C家

　施設を退所後地域で生活をしている、母親は正職員で保育園に通う幼児を持つ母子家庭である。しつけや養育の不安のある家庭で、子どもの成長に伴う関わりが得意ではない母親である。子どもの主張や言い分に応じてしまう傾向があり、登園時のトラブルが多かった。母子で登園前に施設に寄ってもらい、毎日の登園する習慣をつける支援を行った。1か月程度支援を行ったのち、母子で登園できるようになったので終了とした。

D家

家族構成：母パート職員　小1女子　4歳女子　3歳男子

支援方法：登校、登園支援

支援目的：小学1年生の子が学校を休まない、幼児が保育園にスムーズに
　　　　　通えるようになること。

支援方法：登園、登校前に職員が家庭訪問をして、子どもの登園、登校準
　　　　　備を手伝い、登園登校を促す。状況によっては職員が保育園に
　　　　　子どもを送ることもある。

支援体制：職員が登園前に家庭訪問をする。

支援の効果：職員が関わっている時は登園・登校可能であったが、子ども
　　　　　　をコントロールすることが難しいことを母親が自覚して、子ど
　　　　　　もを児童相談所に預けることができた。

D家

　施設を退所後地域で生活をしている、母はパート勤務、小学生と幼児二人の
母子家庭である。地域での生活をスタートしてから、毎日小学校、保育園に遅
刻をしていた。母親は、子どもを時間までに準備をさせることが難しいので、
母親から施設に応援要請が入ると職員が訪問をして支援を行う。半年程度支援
を行っていたが、母親がこれ以上子どもの養育は難しいということで、子ども
は児童相談所一時保護になった。

3．考察（インケアからアフターケアさらに地域支援）

　4事例をみると、乳幼児等を持つ家庭が多いが、それぞれに若干のかかわり
方の違いがある。経験的には、乳幼児を抱えているこの時期は親の手が多く必
要であり、家族の葛藤が生じやすいと考えている。

　A家の場合は具体的な登校支援という他人の手が必要であった。B家は、関

係者会議（児童相談所、子ども家庭支援センター、学校）を開いているが、具体的な家族の葛藤に関われているのは、母子生活支援施設だけである。これまで2回の家族会議を行っており、母子支援員、少年指導員が家族全員と話し合いを設け、家族間の関係の調整を行っている。C家は、子どもの成長とともに母親が様々な要求等に応じられなくなり、親役割を少し施設職員が見本を示しながら支援をしている。D家も、1年生にあがった子の登校と下の子の保育園登園に関して親が対応しきれなくなり、職員が関わることで一定の家族の安定が保たれている事例である。

　この4つの事例は、母子生活支援施設退所後1年から4年程度である。入所中は職員の支援が日常的に行われており、また母親の様々な気持ちや苦悩について即対応でき、頼れる関係が構築されている中で母親は精神的に安定していたと思われる。しかし、退所後母親一人で子どもたちを養育していかなければならず、また仕事をしながらであるので、時間的にも余裕は少ない状況であると思われる。時々電話が施設にかかってきて、「大人とゆっくり話したいです」という母親がいる。いつも子どもと向き合い続けるまじめな母親が、煮詰まりやすいといえるかもしれない。4つの家族のうち、2つの家族が虐待通告されており、そのうちの1つの家族は現在も児童相談所が継続的に関わっている。

　児童相談所や子ども家庭支援センターから施設に家族の情報提供を依頼されることがあるが、どうしても機関の視点は虐待をしてしまう母親に対して加害的なとらえ方をしがちであるように思う。たたいてしまった等の事象にとらわれすぎて、具体的な支援は少ないのが現状である。

　今後、母子生活支援施設のアフターケアを足掛かりにして事例を積み上げていきたいと思う。すなわち、退所した家族は地域に散在している要支援家庭そのものであり、その支援の知見は地域支援のノウハウに転換されるからである。

82

終わりに

　厚生労働省の行政説明で、「約20万件の虐待対応件数のうち、約４千人が施設に入所している。したがって19万６千人は地域にいるということになる。今後の社会的養護施設は、『地域連携』、『脱施設化』、『家庭養育』、『子どもの利益優先』この４つが今後のキーワードになる」と述べている（2022FLEC　共生社会推進プラットフォーム　フォーラムにて）。

　母子生活支援施設の自立支援担当職員の業務の確立はこれからである。どのように展開していくのかそのノウハウもまだ途上である。今後は世帯ごとにニーズが違うので、「オーダーメイド」の支援が必要になると思われる。また、児童相談所によって社会的養護施設に子どもが措置される前に、「予防的」に関わることが地域支援の意味ではないかと考えている。また、アフターケアや地域支援を行うには、自立支援担当職員のみの働きでは難しい。自立支援担当職員と一緒に協働する人の存在が必要であると考えている。事例でもあったが、毎日の学校や保育園への送迎支援に地区社協のCSW（コミュニティ・ソーシャル・ワーカー）の協力でボランティアの派遣をした。支援家庭が増えていけば、自立支援担当職員は家族のアセスメントやボランティア等のコーディネートにその業務時間の多くを割くことになるのではないかと予測している。

　上鹿渡和宏は、FLECフォーラム（2022）で、「今後、虐待対応等は社会的養護施設が、予防的に対応することが必要である」とし、被虐待児童の言葉として、「親を助けてほしかった」と紹介し、さらに「社会的養護施設が、『一緒に生きてくれる人が見つかる場所』であってほしい」と述べている。

第 9 章　社会福祉法人同胞援護婦人連盟 リフレここのえの現状

高機能化への準備状況

1　【無料塾オリーブ八王子の運営：目的はアフターケア機能の充実、思春期の家族の葛藤に関わること】

　2015年に「無料塾オリーブ八王子」の開講を行った。現在（2024）約50人の登録者と年間1,000回を超える延べ人数が通ってきている。退所後の家族支援に有効に機能していると思われる。小学 4 年から高校生まで対応しているので、思春期の家族の葛藤にも対応ができている。最近では、小学生の不登校児童への母子との面談・家庭訪問・機関連携等行い、例えば、手術で母親が入院世帯には、母への電話相談・家庭訪問・子どもへの食事の提供等行った。またコロナに感染した母親が入院した折には家庭訪問して、子どもへの食事提供などの支援を行った。

2　【特定妊婦支援・母子保健機能の付置】

　2019年には、産前・産後母子支援として、「SUN・SUN・SMILE（サン・サン・スマイル）プログラム」を開始した。現在 6 事例目まで実践を積んできている（2024年現在）。緊急一時保護での枠組みで行うのだが、19市と結んでいる緊急一時保護のうち、18市と SUN・SUN・SMILE プログラムの契約を行っている。地域での特定妊婦のケアをする施設の存在は、貴重であるという評価を福祉事務所から得ている。このプログラムの導入のひとつの目的としていた入所率の向上については、2020年度は98％の入所率であった。今後は、国の妊

産婦等生活援助事業（2024〜）の補助金を得る手立てを進めていく。また、出産後に親子支援事業と組み合わせて行うことも考えられるかもしれない。さらに、今後妊娠葛藤相談等を行っている NPO 法人等とのつながりを強化して、支援をつなぐ取り組みが必要であると思われる。

多機能化への準備状況

1 【自立支援担当職員の配置と親子支援事業の実施準備（「第8章　自立支援担当職員の業務の事例」を参照）】

2021年度から自立支援担当職員を配置して、アフターケアと地域支援を担当している。但し、単独ですべては実施できないので、母子支援員や少年指導員と協働しながら事業を進めている。また、親子支援事業の開始の準備をしている。基本的に求められていることは、親子関係再構築支援であるので、別居子（乳児院や児童養護施設等に措置されている子ども）の親子に対して支援を行うことを想定している。他に、予防的関わりとして親に対してのペアレント・トレーニング等のセミナー開催、出産後に親子支援事業を使うことや法人内の児童養護施設の親子交流や家庭復帰を目指す家庭に対して、宿泊交流等を予定している。

2 【法人との協働で地域支援を行う】

「予防的地域支援」については、アフターケアの支援の方法や技術を用いながら、本体施設での展開は難しいので、法人の拠点（最寄り駅そばのビルの一室）を活用しながら、職員を兼務で派遣して実践を行っている。

現在行われている法人の地域支援事業は、「てんとうむし」という名称で子育て広場事業を行っている。これは0歳から3歳までの子どもを持つ親子が

通ってくる事業である。また、「オリーブみらい」という名称で地域家庭対象の無料塾を開催している。これは、母子生活支援施設で行っているアフターケア対象の無料塾を地域に横展開したものである。さらに、2022年から「支援対象児童等見守り強化事業（以下、見守り事業）」を市から受託している。この「見守り事業」は、市内の要支援家庭にアウトリーチする事業である。行政と要支援家庭の存在を共有することができ、法人が持っている事業（子育て広場や無料塾）につなぐことで、効果的な支援が可能になっている。

　この3つの法人内の基幹事業に、従来から行っている子育て短期支援事業のショートステイ、トワイライトステイ事業を結び付け、地域の要保護・要支援家庭の支援力を高めていく。そして、実質的な「児童家庭支援センター」のような機能と役割を担うことを目指している。

職員の教育・訓練

【親支援トレーナーを目指して】

　施設の高機能化・多機能化を進めていくには、職員の教育・訓練は必須である。そこで、2020年に「SEP（Self-Esteem-Program：認知行動療法をベースにした自尊感情を向上させるプログラム）」の初級を学んだ。2021年はSEPの中級を学んだ。現在は、ペアレントトレーニングを学んでいる。この二つを学ぶことで、職員が自信を持って親支援ができるようにする。インケアの母親と地域の親に対してもエビデンスのある支援ができるようにすることが必要だと考えている。

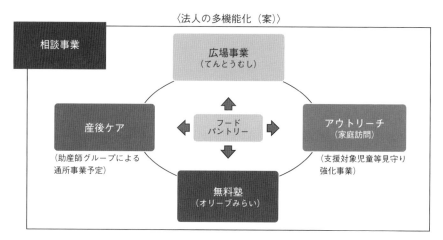

〈法人の多機能化（案）〉

相談事業

広場事業
（てんとうむし）

産後ケア
（助産師グループによる
通所事業予定)

フード
パントリー

アウトリーチ
（家庭訪問）
（支援対象児童等見守り
強化事業）

無料塾
（オリーブみらい)

図5　当法人の子育て応援事業のイメージ図

第10章　母子生活支援施設に入所している母親に関する研究（抄録）
―施設における支援と自尊感情の関連性―

はじめに

　この抄録は、筆者がルーテル学院大学大学院総合人間学研究科社会福祉学専攻前期課程（修士）に在籍していた時に執筆したものである。同大学大学院研究科長の福島喜代子教授の御指導を受け書き上げたものである。通常修士論文は、世に出る機会がないのだが、今回出版という機会を得たので、一章を設けて載せている。

I. 緒　言

　全国母子生活施設協議会編（2017以下、全母協）によると、「入所理由の内訳は、夫などの暴力が全入所者の52.3％、住宅事情が18.3％、経済事情が12.5％、入所前の家庭環境の不適切が9.7％、及びその他」となっている。このように、母親は、暴力による心身の疲弊、パートナーからの避難に伴い失職することや、住宅困窮、母親自身が育った環境からくる不適応など様々な課題を抱えていると思われる。

Ⅱ．目　的

　研究の目的は、「母親の自尊感情や抑うつ状態の高低に、母子生活支援施設の支援に対する利用者の評価等が関係しているか」を明らかにすることである。仮説1として、「母子生活支援施設の支援に対する利用者の評価は、母の自尊感情に対して（統計的に）有意である。つまり、母子生活支援施設の支援に対する利用者の評価が高いと自尊感情は高い」、仮説2として、「DV被害が理由で入所した母親の自尊感情は、それ以外の理由で入所した母親のそれより低い」とした。

Ⅲ．方　法

1．研究対象

　東京の母子生活支援施設32施設すべてに調査票を郵送し、22施設が封緘された調査票を回収・郵送があった。123票を回収し、そのうち欠損値等の少ない98票を調査のデータとして使用した。2019年4月1日現在、東京都母子福祉調査によると、定員639世帯に対して現員459世帯であり、有効回収率は、22.6%であった。

2．倫理的配慮

　本研究は、ルーテル学院大学院倫理委員会の承認を得て実施した（申請番号18-30）。調査においては、東京都社会福祉協議会母子福祉部会を構成している都内全ての母子生活支援施設の施設長に、研究の趣旨、研究方法、対象者の権利、質問調査表の配布方法、研究結果の公表等について説明した文書を郵送し

た。

３．調査期間

　調査期間は、2019年５月から６月に行った。

４．調査項目

　調査項目は、利用者の基本的属性（年代、子どもの人数、入所期間、入所理由、仕事の有無、学歴）の他、質問項目は大きく３つである。

　１つ目の質問項目は、「母子生活支援施設の支援について」である。「母子生活支援施設の支援」については、既存の評価尺度は存在しないので、先行研究および、全国母子生活支援施設協議会による「全国母子生活支援施設実態調査」、東京都社会福祉協議会母子福祉部会による「母子福祉部会紀要」の中の利用者への支援内容及び第三者評価で使用される項目をもとに研究指導やコンサルテーションを受けながら12項目の評価指標を作成した。母子生活支援施設のサービスの利用者によるサービスの評価については、評価指標の作成を試みたものの、評価指標として用いられるかどうかは未知数であり、さまざまな分析方法を想定して、調査を実施した。

　２つ目の質問項目は、自尊感情（self-esteem）である。自尊感情の測定には、Rosenberg の自尊感情尺度（RESS）を利用した。Rosenberg の自尊感情尺度は10項目であり、桜井茂男（2000）の翻訳によるもので、個人が自己を尊敬し自己を価値あるものと考えるかの感情を測定する尺度である。

　３つ目の質問項目は、抑うつの程度である。抑うつの程度については、簡易抑うつ症状尺度 QIDS-J（Quick Inventory of Depressive Symptomatology）を利用して測定した。

5．統計学的分析

　変数のうち、連続変量の数値については平均値±標準偏差で表示した。データの集計と分析には統計ソフト SPSS for Windows Ver.26.0（一部 Ver.27.0)を使用した。

Ⅳ．結　果

1．回答者の基本的属性

　回答者の年代は、多い順に、「30代」が37.8％、「40代」が30.6％、「20代」が27.6％であった。「子どもの数」は1人が54.1％、2人が32.7％、3人以上が10.2％であり、平均1.58人であった（子ども4人以上の母親については、子どもが4人であると仮定して計算した)。「平均在所月数」は22.6±26.2か月であり、最小在所月数は0か月、最大在所月数は181か月でばらつきがあった。入所理由は「DV」が36.7％、「住宅事情」32.7％、「子育ての手伝い」11.2％、「その他」6.1％であった。仕事の有無は、「仕事をしている」が74.5％、「していない」が25.5％であった。また、学歴は「高卒」が49.5％で一番多く、次いで「大卒以上（大学院、専門学校含む)」32.0％、「中卒（高校中退含む)」が18.5％だった。

2．自尊感情得点

　表1、図1に自尊感情得点の分布を示した。自尊感情尺度の信頼性及び妥当性の確認のため、探索的因子分析を行った。10項目による Cronbach の α 係数は.884であった。十分な内的整合性が認められた。自尊感情得点の分布は、11点から20点が32.6％、21点から30点が46.8％、31点以上が20.4％であり、自尊感情得点は、24.3±7.17であった。

表1

統計量
自尊感情

度数	有効	98
	欠損値	0
平均値		24.3
中央値		24
標準偏差		7.17

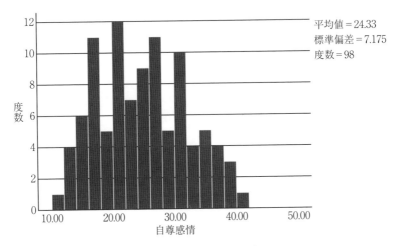

平均値＝24.33
標準偏差＝7.175
度数＝98

図1　自尊感情の得点分布

3．入所理由ごとの自尊感情得点

　入所理由ごとの自尊感情得点の違いについて表2、図2に示した。入所理由ごとの自尊感情得点は、住宅事情で入所したグループは平均値が25.6、子育て支援で入所したグループは21.2、DV被害で入所したグループは25.5、その他グループが22.5であった。

表2　入所理由ごとの自尊感情得点

自尊感情　　　　　　　　　　　　　　　　　　　　　　　　$n=85$

理由	平均値	度数	標準偏差
1　住宅事情	25.6	32	6.86
2　子育て支援	21.2	11	7.87
3　DV	25.5	36	7.21
4　その他	22.5	6	4.59
合計	24.8	85	7.09

注：各項目に欠損値がある票は除外しているので他の表と合計が異なっている。

自尊感情得点

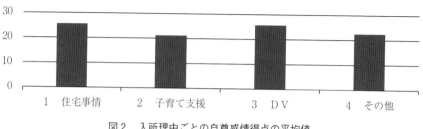

図2　入所理由ごとの自尊感情得点の平均値

4．抑うつの程度と抑うつの有無

　抑うつの程度について、簡易抑うつ症状尺度 QIDS-J の抑うつ得点の分布と抑うつの有無を表3、図3に示した。抑うつ得点は、8.51±5.39であった。藤澤（2010）は「6／7点をカットオフ値とすることが、最適と考えられた」と述べており、本調査では7点をカットオフポイントとした。その視点でみると、抑うつなし群40.8％、抑うつあり群が59.2％という比率になった。抑うつ得点の平均値が8.51で、カットオフポイントよりも高い数値であることからも、抑うつありの母親が多いことがわかる。

表3　抑うつの有無

n = 98

	度数	パーセント
1　抑うつなし群	40	40.8
2　抑うつあり群	58	59.2
合計	98	100.0

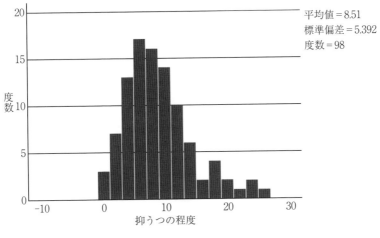

平均値 = 8.51
標準偏差 = 5.392
度数 = 98

図3　抑うつの程度

5．入所理由ごとの抑うつの程度

　入所理由ごとの抑うつの程度を表4、図4に示した。「住宅事情」による抑うつの程度の平均は7.3（標準偏差5.63）、「子育て支援」は平均11.0（標準偏差6.02）、「DV」は平均8.4（標準偏差4.51）、その他が平均6.8（標準偏差3.06）であった。

表4　入所理由ごとの抑うつの程度

$n = 85$

理由	平均値	度数	標準偏差
1　住宅事情	7.3	32	5.63
2　子育て支援	11.0	11	6.02
3　DV	8.4	36	4.51
4　その他	6.8	6	3.06
合計	8.2	85	5.15

抑うつの程度

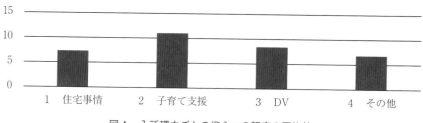

図4　入所理由ごとの抑うつの程度の平均値

6．就労の有無と自尊感情との関連

　就労の有無を独立変数として自尊感情得点を従属変数とした1要因の分散分析の結果を表5に示した。その結果は、主効果が有意であった（$p = .035$　$p < .05$）。すなわち就労している利用者の方の自尊感情が高いと言える。仕事をしていることの何らかが自尊感情に影響していることがうかがえる。

表5　就労の有無と自尊感情との関連

自尊感情　　　　　　　　　　　　　　　　　　　　　　　　　　　　　　　n＝98

	度数	平均値	標準偏差	標準誤差	平均値の95%信頼区間		最小値	最大値
					下限	上限		
1	73	25.2	6.82	.80	23.6	26.8	12	39
2	25	21.7	7.69	1.53	18.5	24.9	11	40
合計	98	24.3	7.17	.72	22.9	25.8	11	40

※1：就労　　2：未就労

7．自尊感情と抑うつの程度との関連

　自尊感情、抑うつの程度との関連を表6に示した。自尊感情得点と、抑うつの程度との関連は、1％水準（両側検定）で有意であり、相関係数も高かった。（$r=-.61$　$p<.01$）。自尊感情と抑うつには強い負の相関が認められた。

表6

自尊感情	Pearson の相関係数	.040	1	-.608**
	有意確率（両側）	.697		.000
	度数	98	98	98
抑うつの程度	Pearson の相関係数	.034	-.608**	1
	有意確率（両側）	.742	.000	
	度数	98	98	98

8．母子生活支援施設における支援の満足度

　母子生活支援施設における支援の満足度の結果を表7に示した。

　母子生活支援施設において提供されている支援を12項目に分けそれぞれ受けているかどうかを尋ね、支援を「受けている」場合には、その支援についての満足度を尋ねた。支援を「受けている」割合は、12％～84％であった。12項目の質問内容については紙面の関係上省略するので表を参照されたい。支援を「受けている」割合が高いのは、項目5「子育てに関する相談や、保育園・学

校との関係についての支援は役に立ちましたか」、項目11「市（区）役所や関係機関に関する手続きへの支援は役に立ちましたか」、項目4「あなたと子どもの関係をより良いものにするための支援は役に立ちましたか」などであった。支援を「受けている」割合が低いのは、項目12「退所後の生活の安定のための資格取得などの支援は役に立ちましたか」や、項目3「経済的に安定するための支援（金銭管理や貯金のアドバイスなど）は役に立ちましたか」、項目

表7

支援の項目		1 食事や掃除、洗濯、その他日常生活に関する支援	2 仕事を探したり継続するための支援	3 経済的に安定するための支援	4 母と子の関係をより良いものにするための支援	5 子育てに関する相談や、保育園・学校との関係についての支援	6 子どもの急な病気や病後に関する支援
度数	支援を受けた	52	44	30	71	85	59
	支援を受けていない	46	54	68	27	13	39
平均値		4.4	3.9	4.0	4.3	4.2	4.5
中央値		5	4	4	4	4	5
標準偏差		0.77	1.15	1.02	0.80	0.94	0.75

支援の項目		7 母がけがをしたり体調が悪くなった時の支援	8 利用者同士の関係についての支援	9 前（元・亡）、夫パートナーとの関係の支援	10 心理的な相談や心理的なサポート	11 市(区)役所や関係機関に関する手続きへの支援	12 退所後の生活の安定のための資格取得などの支援
度数	支援を受けた	61	43	30	70	75	14
	支援を受けていない	37	55	68	28	23	84
平均値		4.6	3.8	4.1	4.2	4.4	4.0
中央値		5	4	4	5	5	4.5
標準偏差		0.62	1.15	0.97	1.13	0.79	1.41

※満足度の平均値は、5点に近いほど満足度は高い

9「前（元・亡）夫、パートナーとの関係の支援は役に立ちましたか」などで
あった。

9. 母子生活支援施設の支援を受けた群と受けない群の自尊感情得点と抑うつ得点の t 検定

　母子生活支援施設の支援を受けた群と受けない群の自尊感情と抑うつ得点の
t 検定の結果を表8－1、8－2に示した。支援を受けた群と受けない群の自
尊感情と抑うつ得点の t 検定の結果について、統計的に有意な差がみられたも
のだけ以下に述べる。

　項目2「仕事を探したり継続するための支援は役に立ちましたか」を受けた
か否かを独立変数、自尊感情尺度得点を従属変数とする対応のない t 検定を

表8－1

支援2を受けた群と受けていない群の自尊感情と抑うつ得点の平均値と標準偏差

	受けた群（$n=44$）		受けなかった群（$n=54$）		t 値	有意確率
	平均値	SD	平均値	SD		
自尊感情	26.33	2.34	25.54	2.63	1.56	n.s.
抑うつ	7.74	4.24	9.09	6.09	-1.29	*

2の支援内容：「仕事を探したり継続するための支援は役に立ちましたか」
$p<.05=$ *　$p<.01=$ **
支援2を受けた群の満足度の平均値：3.89

表8－2

支援6を受けた群と受けていない群の自尊感情と抑うつ得点の平均値と標準偏差

	受けた群（$n=59$）		受けなかった群（$n=39$）		t 値	有意確率
	平均値	SD	平均値	SD		
自尊感情	26.05	2.62	25.63	2.40	0.82	n.s.
抑うつ	8.24	4.62	8.90	6.39	-0.56	**

6の支援内容：「子どもの急な病気や病後に関する支援は役に立ちましたか」
$p<.05=$ *　$p<.01=$ **
支援6を受けた群の満足度の平均値：4.53

行った。その結果、統計的に有意な差は見られなかった。また、同様に項目2を受けたか否かを独立変数、抑うつ得点を従属変数とする対応のないt検定を行った。その結果、支援2を受けた群の方が5％水準で有意に抑うつ得点が低かった（$p=.027$　$p<.05=$＊）。すなわち、仕事に関する支援を受けることが抑うつ傾向を減じる一因である可能性があるかもしれない。支援を受けた群（$n=44$）の満足度平均は、3.9であった。

　項目6「子どもの急な病気や病後に関する支援は役に立ちましたか」を受けたか否かを独立変数、自尊感情尺度得点を従属変数とする対応のないt検定を行った。その結果、統計的に有意な差は見られなかった。また、同様に項目6を受けたか否かを独立変数、抑うつ得点を従属変数とする対応のないt検定を行った。その結果、項目6の支援を受けた群の方が1％水準で有意に抑うつ得点が低かった（$p=.010$　$p<.01=$＊＊）。支援を受けた群（$n=59$）の満足度平均は、4.5であった。すなわち、子どもの急な病気や病後に関する支援を受けることが抑うつ傾向を減じる一因であることが示された。

V. 考　察

　本研究はサンプル数が少ないために、解釈は慎重に行う必要がある。そのことを前提に以下に考察を加える。

　本研究の結果から、母子生活支援施設に入所している母親の自尊感情は、かなり低い水準か、やや低いレベルという結果が得られた。また、入所している母親の59.2％に抑うつの傾向がみられた。これらは、先行研究においても、自尊感情については、低い水準であり、抑うつに関しては高い水準であった。

　母子生活支援施設における支援を受けた母親の支援に対する満足度は、総じて高いという結果（5段階評価で多くが4以上）であった。そして、母子生活

支援施設における支援は、抑うつ傾向を減じる一因となっていることが示唆された。

　以下に母子生活支援施設に入所する母親の自尊感情、抑うつ、母子生活支援施設の職員による支援について考察する。

1．自尊感情について

　本調査の回答者の自尊感情得点は、平均24.3±7.2という結果となった。先行研究の、桜井（2000）による「大学の女子学生を対象とした調査」と永井（2005）のS県の女性を対象とした調査と比較すると、かなり低い結果となっているが、内田ら（2010）や菅（1984）の研究と比較するとやや低いレベルという結果になった。

　入所理由ごとの自尊感情得点の違いでは、「住宅事情で入所したグループ（以下「住宅事情」）の平均値が25.6、「子育て支援で入所したグループ（以下「子育て支援」）」の平均値が21.2、「DV被害で入所したグループ（以下「DV被害」）の平均値は25.5、「その他グループ」の平均値が22.5であった。菅（1984）の成年の平均値を示した研究結果と比較しても、「住宅事情」と「DV被害」はほぼ同様の値といえるが、「子育て支援」はやや低い値となっている。石崎ら（2014）は、「母親になると自分の時間が持てないばかりか人間の基本的欲求である『食べる』『寝る』『トイレにいく』などが自由にできないため、フラストレーションが溜まりやすい。また育児などにおいて『母だからあたりまえ』などの固定的な役割意識に縛られ、誰にも認められない苛立ちは、ともすれば『子どもに当たる』などの行動を生み出すかもしれない」と述べている。母子生活支援施設の入所者は、一人で子育てをしてきた母親であり、子育てなどが思い通りにならない実情が自尊感情の数値に影響を与えている可能性があるかもしれない。また、就労の有無を独立変数として自尊感情得点を従属変数とした1要因の分散分析の行ったところ、主効果が有意であった（$p=.035$　$P<.05$）。

すなわち就労している利用者の方の自尊感情が高かった。仕事をしていることの何らかが自尊感情に影響していることがうかがえた。

2．抑うつの程度について

　抑うつのカットオフポイントについては、藤澤（2010）が、「6／7点をカットオフ値とすることが、最適と考えられた」と述べており、本調査では7点以上をカットオフポイントとした。結果は、抑うつ得点8.51±5.39であった。大原（2007）は、母子生活支援施設に入所している母親の抑うつ調査を行い、「今回の調査結果から対象者の半数（49%）に抑うつ傾向があり、同尺度を用いて行った学童を持つ母親を対象とした『大都市一般人口における児童虐待の疫学調査』では13%であったことからも、支援施設入所者の抑うつ傾向にある人がきわめて多いことが見いだされた」と述べている。本調査においては、59.2%の母親に抑うつの傾向が見出された。筆者が使用した尺度との違いはあるが、大原の研究と比較して、母子生活支援施設の入所者のほうが一般人口の母親と比較して抑うつ状態にある者の割合が多いという点でその傾向が一致するが、大原の調査よりさらに高い割合が抑うつ状態にあるという調査結果となった。

　入所理由による抑うつの程度の違いでは、「住宅事情」による抑うつの程度は7.39±5.69、「子育て支援」は11.0±6.02、「DV被害」は8.17±4.33、その他は6.83±3.06であった。「住宅事情」、「子育て支援」、「DV被害」3つの入所理由を比較すると、「子育て支援」が平均11.0と高い値を示した。前述したように「子育て支援」は、自尊感情についても低い結果が出ている。本調査では、「子育て支援」は、自尊感情の低さとともに抑うつの程度が高いことが示された。

3．自尊感情と抑うつとの関連

　自尊感情得点と、抑うつの程度との関連を見るために、相関分析を行った。その結果、1%水準（両側検定）で有意であり、相関係数も高かった。（$r = -.61$

$P<.01$）。自尊感情と抑うつには強い負の相関が認められた。

4．母子生活支援施設の支援について

　母子生活支援施設において提供されている支援を12項目に分けそれぞれ受けているかどうかを尋ね、支援を「受けている」場合には、その支援についての満足度を尋ねた。支援を「受けている」者の満足度の平均値は、低いものでも3.79であり、高いものは4.56であった。全体として、支援を「受けている」と認識している母親の満足度は、高いといえよう。中央値をみても、満足度の中央値が「5.0」となっている項目が12項目のうち４項目あった。半数以上が満足度を最高レベルで回答したことになる。これらのことから、母子生活支援施設において、入所している母親の受けていると認識している支援への満足度は概ね高いことがわかった。

　母子生活支援施設の支援を受けた群と受けない群の自尊感情と抑うつ得点のｔ検定を行った。支援の項目２「仕事を探したり継続するための支援は役に立ちましたか」を受けたか否かは、自尊感情との関係では、統計的に有意な差は見られなかった。しかし、抑うつ得点との関係では、支援２を受けた群の方が５％水準で有意に抑うつ得点が低かった（$p=.027$　$p<.05=*$）。支援を受けた群（$n=44$）の満足度平均は、3.89であった。このことから、仕事に関する支援を受けることが抑うつ傾向の低さと関係している可能性がある。母子生活支援施設の仕事に関する支援は、仕事探し、履歴書書き、さらにはハローワークへの同行など多岐に渡る。それらの丁寧な取り組みのあることが、回答者の満足度の高さに関係し、抑うつの程度の低さと関係していることが示唆された。統計的には有意ではなかったが、支援の項目12「退所後の生活の安定のための資格取得などの支援は役に立ちましたか」の質問に対する受けた群（$n=14$）は数としては少ないが、受けた満足度は4.00で高い数値がでている。この項目も仕事に関連した項目と考えられる。

　次に、支援の項目6「子どもの急な病気や病後に関する支援は役に立ちましたか」を受けたか否かと自尊感情との関係では、統計的に有意な差は見られなかった。しかし、抑うつ得点との関係では、支援の項目6を受けた群の方が1％水準で有意に抑うつ得点が低かった（$p=.010$　$p<.01=$ ＊＊）。支援を受けた群（$n=59$）の満足度平均は4.53であった。すなわち、子どもの急な病気や病後に関する支援を受けることが抑うつ傾向の低さと関係している可能性があることが示された。母子生活支援施設に入所する母親は、一人で子育てをしている。そのような状態で、子どもの病気やけががあると、その対応に追われることになる。「子どもの急な病気や病後に関する支援」は、母親の精神的な安定につながり、抑うつの程度が低い状態であることと関係していることが考えられる。

5．仮説の検証

　本研究の仮説1は、「母子生活支援施設の支援に対する利用者の評価は、母の自尊感情に対して（統計的に）有意である。母子生活支援施設の支援に対する利用者の評価が高いと自尊感情は高い」であった。この仮説は支持されなかった。

　本研究の仮説2は、「DV被害が理由で入所した母親の自尊感情は、それ以外の理由で入所した母親のそれより低い」とした。この仮説は支持されなかった。自尊感情は、入所理由、入所期間、子どもの数、年代、就労の有無などによっても、統計的な差異はみられなかった。自尊感情の高低は、個人差によるところが大きいのかもしれない。調査対象を他道府県に広げることや、より多くの母親からの回答を得れば、統計的にも有意差がみられたかもしれない。

第11章　「ひとり親家庭支援センターの創設とアウトリーチの拠点を目指して～母子生活支援施設の高機能化と多機能化の推進～（案）」

提言書

横井の試案

目次

　この章は、この著作の最後のまとめとして設定し、「ひとり親家庭支援セン
ターの創設とアウトリーチの拠点を目指して～母子生活支援施設の高機能化と
多機能化の推進～（案）」として、今まで展開してきた論を提言として示してあ
る。但し、これはあくまで筆者試案であり、今までの内容が重複していること
をお断りしておく。

はじめに

　母子生活支援施設が暫定定員などの経営的な基盤の不安定さに苦しみながら
も、それぞれの地域で市区町村とのつながりの中で少しずつ施設機能を高め、
地域の課題に向き合い、地域支援にもその役割を担ってきている。たとえば、
特定妊婦と言われる妊産婦には、26.0％（令和元年度）の施設が取り組みを行っ
ている。また、親子再統合支援は、令和元年度は113世帯だった（全母協
2021）。地域支援のメニューは、電話相談、乳幼児保育、学童保育、無料塾な
ど10種類を超えて多岐にわたっている（東京都母子福祉部会2020）。
　国が地域の未解決で困難な課題として、①虐待への対策、②若年及び特定妊
婦支援、③親子再統合支援、④ひとり親支援、⑤外国籍家庭支援等挙げられて
いる。これらの課題に対して、母子生活支援施設は支援のノウハウを日常の母
子支援で蓄えている。この提言は、わが国が抱える社会的な課題に対して、母
子生活支援施設が有効な解決手段を持つ機関として施設機能強化をどのような
道筋で進めていくのかのひとつの試案である。

第1章　本提言書のベースとしての全国母子生活支援施設協議会「私たちがめざす母子生活施設（ビジョン）」報告書（2015年5月）

第1節　「私たちがめざす母子生活支援施設（ビジョン）」報告書

○全母協は2015（平成27）年に「私たちがめざす母子生活支援施設（ビジョン）」報告書を提言した。この提言の中で、「母子生活支援施設における総合性・包括性・地域性について」として、3点挙げている。1点目として、「(1) インケアを包含した総合的包括的支援の拠点～居場所提供を含む重点的な支援を提供するインケアを中核とした、ひとり親家庭への総合的包括的支援の拠点としての役割、展開が地域社会で実現する」こと。

○2点目として、「(2) 地域の中の母子生活支援施設～『切れ目のない支援』の提供施設のインケアも地域支援の連続としてとらえることが必要。アウトリーチをして支援を提供し、ネットワークによる『切れ目のない支援』を提供し、産前・産後期から子育て期、子どもの自立期までの一貫した『切れ目のない支援』も行う」こと。

○3点目として、「(3) 支援の専門性～施設によって支援の質や量にばらつきがあることが現在の一つの課題であるが、母子の生活に密着した支援を個別的に提供する従来の専門性をより一層向上させる必要」であるとした。

○家族関係再構築支援については、「虐待等の理由で一時的に児童養護施設等の施設に入所している子どもとその母が同居し、支援や見守りを得て、安全・安心できる生活を共におくり、家族関係再構築を達成できるよう支援する一方、親子分離に至らないよう弱体化・機能不全に陥った家族関係を生活の中で結び直すことを支援する」とした。

○「自立」をめざす支援については、「母親と子の意思を丁寧に聴き取り、共に
　考え、それぞれの『自立』の形や支援のあり方を利用者と共感・共有し、母
　子双方への権利侵害のない『自立』の形を目指す」とした。

○さらに、母子生活支援施設の近未来像として、中・長期ビジョン策定にむけ
　て、「～アウトリーチの拠点を目指して～」という表題をつけて、「中期的に
　は母子生活支援施設の認知度を上げる取組、ニーズの変化に対応できる柔軟
　な個別支援を重視したインケアの充実に努めることが求められる。長期的に
　は地域で暮らすひとり親家庭への支援に取り組み、アウトリーチの拠点とな
　ることと、その先に『ひとり親家庭支援センター』の設立が求められる」と
　した。

○母子生活支援施設の方向性として、「①インケアの充実に加え、地域への相
　談に対応する機能・能力の向上、②潜在化しているニーズの掘り起しと支援
　の連携を図るための地域でのネットワークづくり、③アウトリーチのメ
　ニューの拡充などが挙げられる」とまとめている。

第2節 「全国母子生活支援施設協議会の基本的考え方」

○2021（令和3）年7月の社会保障審議会社会的養育専門委員会に全母協とし
　て「基本的考え方」を4点にわたり意見を提出した。1点目は、「母子生活
　支援施設は、特定妊婦等の安心・安全な出産と母子の愛着形成をはぐくむ支
　援、地域生活に向けた『自立支援』を行う（産前・産後支援）」。2点目とし
　て、「母子生活支援施設は、地域の要保護・要支援状況にある子どもやその
　家庭を応援するために、その専門性を活かした地域支援に取り組む（地域支
　援）」。3点目として、「社会的養護のもとで生活する子どもと母親を、母子
　生活支援施設において再統合し、さらに、退所後の地域生活を支援する（親
　子関係再構築支援）」。4点目として、「地域で支援を必要とする子どもや家
　庭を、母子生活支援施設の適切な利用に繋げることが重要である。母子生活

支援施設のもつ支援機能に対する正しい理解と活用が望まれる」と提言している。

第2章　社会的養育を取り巻く状況

第1節　平成28年改正児童福祉法など

○2016（平成28）年5月に児童福祉法等の一部を改正する法律（以下、平成28年改正児童福祉法）が成立した。平成28年改正児童福祉法では、「児童が適切な養育を受ける権利を有すること」や、「家庭と同様の環境における養育の推進」といった理念の明確化などが図られた。また、一般の子育て支援や要保護・要支援児童と特定妊婦に対する支援策として、市区町村子ども家庭総合支援拠点の整備や子育て世代包括支援センターの法定化などが行われた。

○家庭と同様の環境における養育の推進について、厚生労働省は「家庭養育優先原則」として、都道府県等に対し、子どもが家庭において養育されるよう保護者を支援することを原則としたうえで、家庭における養育が困難または適当でない場合には里親等への委託を進め、これらが適当でない場合にはできる限り良好な家庭的環境（小規模グループケアやグループホーム等）において養育されるよう必要な措置を講じることを、改正法の公布通知等で示した。

第2節　新しい社会的養育ビジョン　2017（平成29）年8月厚生労働省

　2017（平成29）年に厚生労働省は、「新たな社会的養育の在り方に関する検討会」において「新しい社会的養育ビジョン（以下、「新ビジョン」）」を発出した。ここでは、特に母子生活支援施設の機能と役割に関する記述のみを以下に概観する。

○特定妊婦のケアの在り方では、「出生前・出産後の育児について支援が必要

な特定妊婦への相談支援体制については、これまでの母子保健を中心にした
相談支援体制に加え、①若年者を含め妊婦が利用しやすいよう、SNSなど
のIT技術も活用した24時間365日妊娠葛藤相談事業やアウトリーチ型相談
事業など、そのような妊婦を確実に把握するための相談体制、②経済的に困
窮している妊婦への妊娠検査費用負担などの支援体制、③妊娠期から出産後
の母子を継続的に支援する社会的養護体制（在宅支援、乳児院、サテライト
型母子生活支援施設、産前産後母子ホーム、里親、民間養子縁組機関との連
携、出産後のケア等）などの整備が必要である」と述べている。

○さらに、特定妊婦に対して求められる機能として、「母子生活支援施設は、
　地域に開かれた施設として、妊娠期から産前産後のケアや親へのペアレン
　ティング教育や親子関係再構築など専門的なケアを提供できるなど多様な
　ニーズに対応できる機関となることが求められる」と述べている。なお、こ
　の「サテライト型母子生活支援施設」とは、早期に自立が見込まれる者につ
　いて、地域の中の住宅地などに小規模分園型（サテライト型）施設を設置し、
　本体施設と十分な連携の下、自立生活の支援を行うための施設のことであ
　る。

○また、「代替養育を担う児童福祉施設の在り方」の項では、「貧困やひとり親
　家庭の増加や特定妊婦の増加などから、代替養育に準ずる形として、母子や
　父子で入所できる施設体系も求められる。乳児院や母子生活支援施設が担っ
　たり、他の法人が担うこともできるような体系が構築され、地域に開かれた
　生活単位となる必要がある。そのような体系を構築する施策プランを早急に
　提示すべきである」。

○「なお、現行の母子生活支援施設はDVからの保護が重要な役目となり、そ
　の結果、それ以外の母子の入所が制限されるなどの問題も生じている。母子
　生活支援施設は、地域に開かれた施設として、妊娠期から産前産後のケアや
　親へのペアレンティング教育や親子関係再構築など専門的なケアを提供でき

るなど多様なニーズに対応できる機関となることが求められる」と述べている。さらに「代替養育」の項では「母子生活支援施設に関し、地域に開かれた施設とDV対応の閉鎖した施設の区分を明確にして混在しない在り方を提示」と述べている。

○この「新ビジョン」では、主に日本における代替的養育の根本的な見直しと、児童相談所（特に一時保護所）の改革及び永続的解決（パーマネンシー保障）としての特別養子縁組等の推進が主な論点になっている。その中で、従来母子保健の分野で進められてきた「妊娠期から産前産後のケアや親へのペアレンティング教育や親子関係再構築など専門的なケアを提供できるなど多様なニーズに対応できる機関」としても、母子生活支援施設は期待されている。

２．母子生活支援施設の４つの機能

　母子生活支援施設は、次の４点において対人援助の高機能化・多機能化が求められていると考えられる。

(1) 親子関係再構築支援機能（子どもと原家族との関係性の強化）
　　（代替的養育領域として乳児院や児童養護施設に入所している子どもの再統合や母子関係の関係調整機能）。

(2) 親子分離についての入所前アセスメント機能の充実化（母子生活支援施設の活用促進：児童相談所、乳児院、児童養護施設等との連携）

(3) 母子生活支援施設の機能の充実と活用促進（社会的養護領域で特定妊婦の受け入れや児童家庭支援センターの受託、サテライト型母子生活支援施設の設置）

(4) 社会的養育領域として地域支援事業の展開（例：貧困やひとり親の家庭への学習支援、子ども食堂、ショートステイ・トワイライトステイ、相談支援等）

（全母協2018年及び筆者加筆）

第3節　社会的養育推進計画の策定要領（2018（平成30）年7月厚生労働省）

○社会的養育推進計画の策定要領では、「今般の見直しの対象は、在宅での支援から特別養子縁組、普通養子縁組、代替養育や自立支援などが網羅されている。これらの項目すべては緊密につながっており、一体的かつ全体的な視点をしっかりと持って進めていく必要がある。都道府県や市区町村、特別養子縁組の養親、里親、乳児院等の児童福祉施設などの関係者に抜本的な改正となる平成28年改正児童福祉法の理念等が徹底されるとともに、何よりも子ども達の最善の利益のために着実に進めていくことが必要である」と述べている。

○また、「子育て世代包括支援センター及び市区町村子ども家庭総合支援拠点の普及、市区町村の支援メニュー（ショートステイ、トワイライトステイ）の充実、母子生活支援施設の活用について、都道府県の行う支援・取組を盛り込んだ計画を策定すること」と述べている。

○さらに「児童家庭支援センターの機能強化の計画および設置に向けた計画（設置時期・設置する地域）を策定すること」と指摘している。

○パーマネンシー保障としての特別養子縁組の推進に関しては、「支援及び養子縁組支援のための体制の構築に向けた計画を策定すること。子どもにとって永続的に安定した養育環境を提供することが重要である」と述べている。

○向かうべき方向性として、「代替養育全体の在り方に関する計画を立て、それに基づいて施設の高機能化及び多機能化・機能転換、小規模かつ地域分散化に向けた計画を策定すること」と述べている。

第4節　ひとり親家庭と社会的養護施設を取り巻く現状（厚生労働省「ひとり親家庭の現状と支援施策について」）

○母子世帯の総所得は年間306.0万円であり、「児童のいる世帯」の41％に留ま

る（2016年国民生活基礎調査）。

○子どもがいる現役世帯（世帯主が18歳以上65歳未満）の世帯員の相対的貧困率は48.1％（2019年国民生活基礎調査）である。

○回答者の母親自身が育った市区町村で子育てをしているのは27.8％、7割以上が自身が育っていないまちで子育てをしている。近所に子どもを預かっている人がいるのは、39.9％で6割が子どもを預ける人がいない（「子育て世代にかかる家庭への支援に関する調査研究報告書　2021年3月）。

○世話をしている家族が「いる」と回答したのは中学2年生が5.7％、全日制高校2年生は4.1％であった（「ヤングケアラーの実態に関する調査研究」2021年3月　三菱UFJリサーチコンサルティング株式会社）。

○一時保護された児童の約7割が家庭復帰しており、施設入所等の措置を解除された児童は5割以上が「家庭環境の改善」を理由としている。また、施設入所から家庭復帰した児童虐待事例の13.2％が、家庭復帰の翌々年度11月時点で一時保護又は施設入所中だった（山本他（2013）「児童相談所における保護者支援のあり方に関する実証的研究」日本子ども家庭総合研究所）。

○国の子ども家庭分野での現状の課題として、「児童福祉施設から地域へ戻る際の支援が手薄」、「社会的養護施設経験者へのアフターケアが行き届いていない」、「家庭への支援メニューの種類、量が不足している」、「親子関係への直接支援が少ない」、「就学期以降の児童自身が利用できる支援が少ない」、「未就園児に対する把握の機会が少ない」の6点を挙げている（厚生労働省（2022）「子どもとその保護者家庭を取り巻く環境に関する論点」）。

○また、在宅指導に係る措置等の実施状況には都道府県によりばらつきがあることなど、家族再統合に向けて適切な支援が行われているか懸念がある（厚生労働省（2022）「子どもとその保護者家庭を取り巻く環境に関する論点」）。

○さらに、社会的養護経験者等の、措置解除者が相談できる場所があまりなく、自立支援を行う体制が不十分である（厚生労働省（2022）「子どもとその保

護者家庭を取り巻く環境に関する論点」）。

○今後は、「児童養護施設、乳児院等の多機能化・高機能化についてどのよう
　にすすめるか。一時保護や入所等措置がされなかった家庭に対する支援につ
　いて、どのように考えるか（マネジメント、在宅指導措置、直接支援）一時
　保護や入所等されている間の保護者の家庭に対する支援についてどのように
　考えるか（マネジメント、在宅指導措置、直接支援）。保護や措置が解除さ
　れ地域に戻った後に、再び一時保護が必要にならないような支援に結び付け
　ることに関してどのように考えるか」と提示している（厚生労働省（2022）「子
　どもとその保護者家庭を取り巻く環境に関する論点」）。

○現在日本の解決できていない社会的課題（社会的養育関係）を筆者は３つあ
　ると考える。それは、１点目として、虐待に対して有効な手立てが打ててい
　ないということ。特に18次まできている虐待死検証でも明らかなように０歳
　児の虐待死問題がある。２点目としては、１点目の虐待対応とつながってい
　るが、特定妊婦と言われる若年や支援の必要な妊産婦への支援が薄いこと。
　３点目として、ひとり親家庭の貧困化とその子どもへの教育格差に象徴され
　るひとり親家庭への支援の不足である。

○夫婦間暴力が子どもへの心理的虐待であるという認識が社会に定着したこと
　により、夫婦間暴力に対して子どもの保護が一般化したが、一時保護された
　子どもの数は10年間で1.8倍になっている。このうち乳児院・児童養護施設
　への一時保護が一気に増加した（厚生労働省2020）。また、夫婦間暴力に対
　応するために警察はとりあえず子どもの保護を優先するために児童相談所へ
　通告するために、乳児院への一時保護をする。本来なら母子で保護すべき
　ケースも子どもだけの保護をすることによって、乳幼児の一時保護が増加し
　て、その保護も長期化しており、東京都内の一時保護平均保護日数は40日を
　超える状況にある（東京都2021）。また、子どもの保護後に夫婦間の暴力の
　課題に対して児童相談所が介入することになるが、家庭調査やアセスメント

や家庭復帰後の支援等一時保護後の家族を調整する機関が児童相談所等しかないことが課題ではないだろうか。

○ひとり親家庭の経済的貧困化は近年の課題である。離婚や裁判、経済的な自立を図るための再教育や就労支援が必要な世帯が多くあると思われる。子育てをしながら母親自身がそれらを単独で行うことは難しい。行政は申請主義なので制度自体を知らないひとり親もあると思われる（東京都2020）。また、経済的な貧困は子どもの進学や学力格差の問題を生じている。

（まとめ）社会的養育及びひとり親家庭等における課題

・社会的養育関係における社会的課題は、①「虐待予防」②「特定妊婦支援」③「ひとり親家庭支援」

・虐待による家族への支援の課題。特に０歳児の虐待死問題と特定妊婦支援が薄い

・DV 等夫婦間暴力への対応の課題

・児童相談所、乳児院、児童養護施設での一時保護の増加

・一時保護の先の家族を調整する機関の不足

・ひとり親家庭の経済的貧困化と子どもの学習格差の課題

・社会的養護経験者等の、措置解除者が相談できる場所があまりなく、自立支援を行う体制が不十分である。

・親子関係再構築支援を都道府県の取り組み責務にする（2024年度から実施）。

第３章　母子生活支援施設の現状

第１節　入所する母親と子どもをめぐる現状

○全国母子生活支援施設実態調査（2021）によると、2020（令和２）年度調査

対象施設は212施設であり、10年前（2010（平成22）年）と比べると53施設減となっている。2020（令和2）年現在では2,963世帯7,892人が生活している。

〇入所理由は、「夫などの暴力」55.8%、「住宅事情」が17.4%、「入所前の家庭環境の不適切」が9.3%、「経済事情」が9.1%、「母親の心身の不安定」3.3%、「児童虐待」2.0%、「その他」3.1%であった（全母協2021）。

〇DVを含む児童虐待の状況は、2,449人（重複回答）で入所世帯全体の31.0%であった。母親からの虐待は8.1%、父母両方からの虐待は3.7%であった。虐待の種類は心理的虐待が56.7%、身体的虐待が29.0%、ネグレクトが9.6%、性的虐待が4.9%であった（全母協2021）。

〇緊急一時保護の利用者（1,092件）のうち特定妊婦の利用件数は、3.6%（39件）であった。妊娠期からひとり親を受け入れている施設の割合は、2018（平成30）年度26.9%、2019（令和元）年度26.0%だった。世帯数では、2018（平成30）年度101世帯、2019（令和元）年度99世帯、2年間では200世帯だった。2016（平成28）年度受け入れ世帯43世帯であり、2019（令和元）年度と比較すると56世帯増加している（全母協2021）。

〇別居子のいる施設は44%（92施設）、世帯数は4.7%（139世帯）であった。入所時に親子関係の再構築を支援した世帯が「いる」施設の割合は、2018（平成30）年度13.5%（28施設）、2019（令和元）年度11.1%（23施設）だった。入所後に親子関係の再構築を支援した世帯が「いる」施設の割合は、2018（平成30）年度41世帯、2019（令和元）年度は113世帯だった（全母協2021）。

第4章　今後の母子生活支援施設のあり方～高機能化・多機能化への機能の付加～

第1節　社会的に困難を抱えている課題（社会的養育関係における）

○社会的に困難を抱えている課題として、これまでも述べてきたように、①「虐待予防」、②「特定妊婦支援」、③「ひとり親家庭支援」が挙げられる。母子生活支援施設は、これらに取り組み、解決の糸口を見出してきた。

○入所する子どもの数4,928人のうち2,449人が何らかの虐待を受けている（全母協2021）。これは、全体の49.7％にあたり、このうち母親が何らかの形で関わっているのが288人であり（9.8％）、この数の子どもが母子生活支援施設に入所しながら親子関係の調整を職員から受けているということになる。

○妊娠期からのひとり親の受け入れ状況は、212施設中56施設が「ある」と回答しており（26.4％）、平成30年4月1日から令和2年3月31日までの3年間の間で200世帯を受け入れている。そのうち、113世帯（56.5％）が特定妊婦を占めている（全母協2021）。

○高機能化・多機能化を考える前に、まずは母子生活支援施設の基本機能についての役割について述べる。

第2節　「居住支援」としての役割（基本機能①）

○もともと母子生活支援施設は、戦後の寡婦対策事業の住宅政策として位置づけられて出発した施設が多く、入所者の2割弱が住宅困窮であり、今でも居住支援としての一定数の利用がある。さらに、精査すれば約5割の利用者がDV被害者であり、DV被害の母子はほとんど婦人相談所（2024年からは女性相談支援センター、以下同じ）の一時保護所を経由しており、着の身着のまま避難してきているので、この層を合わせると約7割が住宅を必要として

いると考えられる。また、経済的な理由でアパート等を退去しなければならなかった入所世帯もいると思われる。したがって、現在も母子寮として発足した当時と同じ居住支援としての機能を母子生活支援施設は担っているといえるだろう。

第3節　生活の基盤としての経済的支援と生活丸ごとの総合的支援機能（基本機能②）

○DV被害から避難する母子は、警察や女性相談等で保護されると多くは婦人相談所で一時保護される。DV被害で避難してきた母子の経済的な基本は、生活保護である。出てきた瞬間に職を失うのである。経験的には、入所して1～3か月すると母親は不調を訴えてくる。心療内科や精神科や今までできなかった歯科などに同行して支援を行う。また法的な支援は早急に行わなければならない事項である。DVで逃げていることを警察に連絡をし、理解してもらい、日本司法支援センター（通称法テラス）に弁護士の依頼をして、離婚や親権等についての調停の準備を行う。さらに、母子生活支援施設には心理担当職員が配置されているので、母親に対して心理的なケアも併せて行う。このように、母子生活支援施設は居住支援を基盤として、経済的・法的・心理的支援等生活全般にわたり支援を行う施設機能を持っている。

第4節　母子生活支援施設に求められる機能〔本体施設の高機能化〕

○母子生活支援施設本体の高機能化は、2017年の厚生労働の「新しい社会的養育ビジョン」と、全母協の「ビジョン」を参考にすると、6点挙げられるだろう。1点目は、親子関係再構築支援である。2点目は、親子分離についての入所前アセスメント機能。3点目は、特定妊婦支援として、産前・産後母子支援機能である。社会的な課題である、「0歳児虐待死防止」や広く「虐待予防」につながり、産前・産後母子支援を実施することで、特定妊婦支援

118

が可能になる。4点目として、母子生活支援施設全体の6.9％に現在外国籍の家庭が入所している（全母協2021）。今後外国籍の2世、3世の世帯も多くなってくる中で、外国籍家庭の支援も高機能化のひとつの分野になると思われる。5点目として、DV虐待等暴力被害支援機能である。最後に、6点目として、サテライト型母子生活支援施設の設置である。以上6点について以下に論述する。

○ 1点目は、親子関係再構築支援である。他の児童福祉施設（児童養護施設、乳児院、里親等）に別居子がいるのは139世帯であり、7.0％である。平成30年から令和2年までの3年間で293世帯に何らかの親子関係再構築支援を行っている（全母協2021）。

○施設に入所している期間に、きょうだいが乳児院や児童養護施設に分離されている場合は、インケア中に母子再統合の可否を考えることが必要である。分離された経過を児童相談所と共有し、その理由を施設職員が介入することで緩和させ、さらに母親の育児能力等の向上を目指すのである。このことは、児童相談所のアセスメント機能と親支援の機能を母子生活支援施設が協働できるところである。

○また、乳児院や児童養護施設に子どもが措置される時点で、母親と子どもの関係を長期的にみた時になお不安が残るような場合、入所措置の段階で支援方針の中に、地域での母子の生活の前に母子生活支援施設での支援を間にはさむことを提案することが必要であると考える。児童養護施設や乳児院等に入所していた子どもが地域にそのまま不十分な再統合をすれば、親子関係が不調に陥り、子どもが再入所することになる。「施設入所から家庭復帰した児童虐待事例の13.2％が、家庭復帰の翌々年度11月時点で一時保護又は施設入所中だった（再掲）」という研究の調査結果もある（山本他2013）。

○ 2点目は、親子分離についての入所前アセスメント機能である。子どもを乳児院や児童養護施設等に措置をする前に、緊急一時保護等の枠で母子生活支

援施設に母子で入所させて、分離して支援が必要か否かを、施設との連携で
母子関係のアセスメントを行うのである。児童相談所での母子の観察は必要
であるが、「生活丸ごと」の母子生活支援施設は、ある意味「生」の母子関
係が垣間見られる場である。母子生活支援施設と児童相談所の連携によって
行えるものであると思われる。

○3点目は、特定妊婦支援として、産前・産後母子支援機能である。母子生活
　支援施設は、現在は約半数の入所者がDVなどの暴力被害者であるが、本来
　は貧困や養育困難などの生活上の課題をかかえている母子への支援をする場
　である。したがって、掃除・洗濯・子育て・就労支援等総合的な日常生活支
　援を得意とする生活施設である。乳幼児の子育ての手技や日常生活技術を高
　め、いずれ子どもが育ってくると母親の再教育の機会や就労などの「自立支
　援」に向けた取り組みになる。

○入所する母親は、実父母等からの虐待やしつけや教育等が不十分な状態で
　育っていることが多い。そのような母親に「育ちなおし」をする場でもある。
　若年で妊娠、出産する母親が母子生活支援施設にたどり着き、支援の中で「こ
　の子ともう一度生き直そう」という気持ちになり、母親自身の自尊心が回復
　することで就労等に就くことができれば、母親自身においては自己実現であ
　り、社会的にはコストの削減になり、その子どもも社会を支える人にもなる
　のではないか。その意味で母子生活支援施設の産前・産後母子支援は、将来
　への投資であり、「予防的支援」であると考えられる。

○4点目として、外国籍家族の支援である。「児童養護施設等における外国籍
　等の子ども・保護者への対応等に関する調査研究報告書」（2021）によると、
　「1人以上外国籍等の子どもがいると回答のあった施設割合は、乳児院では
　38.7％、児童養護施設では39.8％、児童心理治療施設では34.3％、児童自立
　支援施設では34.0％、自立援助ホームでは15.1％、母子生活支援施設では
　44.9％であった」、「母子生活支援施設では半数程度、乳児院・児童養護施設

でも 4 割の施設に外国籍等の子どもが在籍している結果となった」との調査
結果がでており、母子生活支援施設では他の施設種別と比較して、外国籍等
の子どもが入所している施設の割合が高い傾向がうかがえるが、一方で子ど
もの国籍は日本が最も多い。保護者（母親）が日本人男性と離婚した際、子
どもは日本国籍になったものの母子世帯となり、言葉や就労スキルの課題か
ら養育困難、経済破綻となって施設入所に至ったというケースも想定され
る。これは日本の母子世帯の生活の厳しさが深刻であることとも通じてお
り、ひとり親世帯の子育て支援の課題の深刻さを表すものとも考えられる」
と述べている。

○外国籍家庭に対する支援は多岐にわたる。例えば、離婚調停などの法的支援、
生活保護や手当などの行政への申請、保育園・学校などの教育機関への申請
や連絡調整、および日常の日本語のスキルの獲得への支援等生活全般にわた
る。そして、これらはほとんど「同行支援」でないとことが進まない。これ
ら事細かく母子生活支援施設の職員は日夜取り組んでいる。

○5 点目として、DV・虐待等暴力被害支援機能である。入所する子どもの数
「4,928 人」のうち「2,449 人」が何らかの虐待を受けている。これは、全体の
49.7％にあたり、このうち母親が何らかの形で虐待に関わっているのが「288
人（9.8％）」であり、この数の子どもが母子生活支援施設に入所しながら親
子関係の調整を職員から受けているということになる（全母協2021）。

○全母協「社会的養護体系における母子生活支援施設の現代的役割とケアのあ
り方に関する調査研究報告書」(2009) では、被虐待児への支援について、「虐
待は被害を受けた子どもたちから『安心』『誇り』『大切にされる体験』を奪っ
ていく。母子生活支援施設の役割は、『安心感』ある場所で、『大切にされる
体験』を提供し、子どもたちに『誇り』をとり戻してもらうことだといえる」
と報告している。今後も引き続き DV・虐待等暴力被害支援機能が必要であ
る。

〇6点目として、サテライト型母子生活支援施設の設置である。サテライト型
　母子生活支援施設とは、「早期に自立が見込まれる者について、地域の中の
　住宅地などに小規模分園型（サテライト型）施設を設置し、本体施設と十分
　な連携の下、自立生活の支援を重点的に行う」ために設置するものであると
　規定されている（厚生労働省2012）。現在、サテライト型母子生活支援施設
　を設置しているのは、「6施設」であり、全体（199施設）の3％である。今
　後、運用の条件を何らかの形で変更・緩和するなどを行うことで、地域移行
　のバリエーションが広がると思われる。

第5節　予防的地域支援としての多機能化の必要性

〇母子生活支援施設は、「新ビジョン」が出る前から、市区町村の要請を受け
　たり、独自に地域への支援メニューを増やしてきた。その方向性は、前述し
　た全母協の「ビジョン」にも示されている。再掲すると、「インケアを包含
　した総合的包括的支援の拠点～居場所提供を含む重点的な支援を提供するイ
　ンケアを中核とした、ひとり親家庭への総合的包括的支援の拠点としての役
　割、展開が地域社会で実現する」とある。

〇「予防的地域支援」としての「母子保健機能」の付置
　　1994年に「子どもの権利条約」を批准したわが国では、2004年に改正・施
　行された児童虐待防止法にて第1条「目的」に「予防」が付け加えられた。
　子どもの命を救うために親権を争っても介入する介入型対応から早期発見・
　早期支援により重篤な虐待に至る前に親子の困りに寄り添い支援する予防介
　入の時代に入り、虐待への介入よりも、子育てがうまくいかない養育者を支
　援するという概念が主流となってきている（井上2018）。

〇虐待予防対策も含めた、「予防的な地域支援」としての母子生活支援施設の
　役割が重要になってくると思われる。母子生活支援施設が、今後は、「子育
　て支援機能」と「母子保健機能」を兼ね備えた施設となることで、より社会

的な要請に応えられる施設になる可能性があると考える。

○現在行われて地域支援例

　現在母子生活支援施設では、各施設・法人で特色あるメニューを展開している。例えば、児童家庭支援センターの受託、サテライト型母子生活支援施設の設置、貧困やひとり親の家庭への学習支援、ショートステイ・トワイライトステイ、フードパントリー、子ども食堂、電話相談等が全国各地で実施されている。

第6節　地域支援やアフターケアを支えるための本体機能の強化と措置費体系と今後の方向性

○全母協は国に以下のように提出している。「暫定定員の設定による職員数が減ることで施設運営が安定しない現状がある。定員の充足率だけでなく、緊急性の高い事案への対応実績や地域ニーズに対する実践を考慮した評価が行われ、安定した施設運営が継続できる制度を検討していただきたい」（全母協2021.9.17　第34回社会保障審議会児童部会社会的養育専門委員会提出資料）

○さらに、高機能化・多機能化を可能とする施策の整備や職員配置として、母子生活支援施設がさらに高機能化・多機能化し、「ひとり親家庭支援センターの創設とアウトリーチの拠点になる（全母協2015）」ためには、入所世帯はもとより地域のさまざまなニーズに応えるために、現在実施されていない事業の新規創設や現在も実施されている事業の拡充など、取り組みを可能とする法制度・施策の整備が不可欠である。

○特に重要なのは職員配置の充実と処遇改善である。高機能化・多機能化さらに加速させるためには、本体施設の職員配置の抜本的な改善とともに、地域の子育て支援にかかる多様な機能に十分な職員体制をもって取り組めることが必要である。加えて、人材の確保とともに定着と育成を図って専門性を向

上させ、「ひとり親家庭支援センター」機能をさらに高めていくために、職員の大幅な処遇改善は欠かせない。

○今後の家庭養護のありかたとして、「全国家庭推進ネットワーク幹事会」が「2本の柱と6項目」を提出している。その中で「ソーシャルワーク系事業を社会福祉事業として児童福祉法に位置づけること」、「民間機関が新たな事業に踏み出し、その質を向上させていくインセンティブになるように措置費体系との抜本的な見直し」を提言している（全国家庭推進ネットワーク幹事会2021）。

○また、「実親家庭への指導、家庭復帰に向けた家族再統合支援　ソーシャルワーク系支援の中でも困難性が高く手薄になりがちな家族再統合支援について別建ての事業とし、基準を設けるとともに、相応の措置費等を支弁できる制度とすべきである」と提言している（全国家庭推進ネットワーク幹事会2021）。

○さらに、「母子（親子）一体型支援制度の創設　虐待予防等の観点から、ひとり親家庭の子ども及び家庭に対するアセスメントやケアマネジメント、訪問支援や家族再統合支援、自立支援等を親子一体として効果的に実施することが出来るよう、母子生活支援施設や乳児院等を支援主体として想定し、母子（親子）一体型の支援体系（措置または契約による）を児童福祉法に創設する」としている（全国家庭推進ネットワーク幹事会2021）（このことについては、今般の児童福祉法改正により2024（令和6）年より親子関係再構築支援は、都道府県の責務になった。）。

提言のまとめとして

　施設に入所する母子は、母親はDV被害による精神的・経済的・性的等支配をされており、人間関係や社会関係における剥奪状況にある。また、子どもは

その母親を身近にみたり、子ども自身も虐待を受けることで成長・発達を止められてしまうことになる。それら母子に母子生活支援施設は、母親には就労支援、医療への同行支援、法的支援等行い、人間関係や社会関係及びつながりの再構築等行うのである。また、中卒・高校中退などで教育の機会が少なかった母親には、積極的に通信制高校等に通学したり看護師等資格取得の機会を提供する。また、母子生活支援施設には外国籍の母子も一定数住んでいる。近年はその2世代目・3世代目の家族がいる。行政手続きは申請主義であり、その煩雑さは説明するまでもない。したがって、支援は基本的に「同行」である。母親ひとりでは申請という壁を乗り越えるのは難しい。制度があっても利用に結び付かないのは「つなぐ人」の存在不足でもある（東京都2020）。母子生活支援施設の職員は、日々の実践の中で生活保護制度や各種手当、教育制度、離婚調停や裁判制度、乳幼児保育から子育ての技術まで多岐に渡る知識・技術を蓄えている。今後、母子生活支援施設が高機能化・多機能化が進むことができれば、地域のひとり親家庭の拠点として、その機能を地域にも発揮することができるポテンシャルを秘めていると思われる。

おわりに

　筆者について少々個人的なことを記載することをご容赦いただきたい。筆者は、児童養護施設の職員をかれこれ25年勤め、その後現在の法人で母子生活支援施設の施設長を拝命し、はからずも人を指導、育成する立場になってしまいました。50代で通信教育課程に通い社会福祉士の受験資格を得て学びなおし、社会福祉士の国家資格を得ました。しかし、母子生活支援施設の施設長として、現場の実践がどのような理論でどのように展開されているかを説明できないもどかしさを感じていました。仕事をしながら大学院で学びなおしが可能か考え、ルーテル学院大学の大学院が社会人に通いやすい、その門戸を開いていることを知り、通い始めました。大学院に行く目的を、「①大学院の学びを実践に生かす。②社会的養護施設等の分野の研究を進める（児童、女性、家庭）。③社会的養護施設分野で自分が育てられた恩返しをする」というこの３点としました。また、施設長として着任して初年度から東京都社会福祉協議会母子福祉部会の役員として関わっていましたが、これは、母子生活支援施設の施設長という職務についての見識を他の施設長から得たいということと、部会に関わることで政策提言に寄与したいというのが理由でした。

　大学院では、「母子生活支援施設に入所している母親に関する研究—施設における支援と自尊感情の関連性—」というテーマを設定して、日々職員が苦労して取り組んでいる支援が、母親の自尊感情にどのように影響しているかということを研究しました。結果としては多くの成果が得られたとは言いがたいですが、少しでも職員の苦労に報いたいという気持ちと、暫定定員等で経営的に苦しんでいる業界全体の存在意義の一助になればということで調査をしてきま

した。今回このような出版という機会を得たことで、少しでも多くの人の目に触れることができることは感謝に堪えません。

　大学院を卒業後、母子生活支援施設に勤務しながら少しでも世の中に「母子生活支援施設」というワードが出るようにと拙文を書いてきました。また、社会保障審議会に向けて全国母子生活支援施設協議会では提言を出すために、ワーキンググループの委員になったり、社会保障審議会を傍聴するなどすることがありました。その中で感じたことは、2017年に国が社会的養育ビジョンを出してから、全国児童養護施設協議会や全国乳児院協議会がそれぞれの専門性を生かしつつ、いち早く今後の進むべき道を示していたことです。しかし、それでは母子生活支援施設はどのような道を進めばよいのか、全国母子生活支援施設協議会ではビジョンが出されていましたが、国への対案ではありません。この拙文では、多少なりとも母子生活支援施設の高機能化・多機能化の定義と内容を指し示すことができ、具体的な方向性を出すことができればよいと考え出版という形にさせていただきました。これまで雑誌や紀要等に掲載された論文をまとめたものなので、出典が以前のものだったり、いくつか重複してしまっていることをお断りしておきます。

　今回、元武蔵野大学教授の米山岳廣先生には出版への導き、構成、出版社の紹介等多岐にわたりお世話になりました。また、ルーテル学院大学の福島喜代子先生には、大学院の修士論文のご指導いただき、さらに序文をいただけたことを幸せに思っています。また、文化書房博文社編集部の岡野洋士氏にはいろいろとご配慮いただいたこと心から謝意を表したいと思います。

　なお初出論文について、以下に記しておきます。

「母子生活支援施設における『困難』な状況にある母子への支援の考え方と方法」
　　（2020）『世界の児童と母性』資生堂社会福祉事業団87、22-28。
「社会的養護施設と児童相談所との連携強化―母子生活支援施設の機能の活用と
　　予防的地域ケアの構築に向けて―」（2020）『精神療法』46、（5）。

「母子生活支援施設の入所者における相対的剥奪の実相」(2021)『貧困研究』26。

「子どもでいられない子ども『3つの傷つき』をもつ母親」「都政新報」2022年
　5月27日掲載。

「社会的養育の今後の進み方について」(2023)『社会福祉研究』146、117-119。

一般社団法人日本児童養護実践学会編(2023)「Q&A 社会的養育の実践―困難
　を抱える子ども・子育て家庭の支援」株式会社ぎょうせい、75-82。(分担
　執筆)

「社会的養護施設(児童養護施設・母子生活支援施設)を利用した家族関係再構
　築支援の取り組み」(2018)社会福祉法人東京都社会福祉協議会母子福祉
　部会「紀要 No. 11」、99-101。

「母子生活支援施設における産前・産後母子支援の取り組み―『母子保健機能』
　を付置することで施設機能の強化を目指す―」(2022)社会福祉法人東京
　都社会福祉協議会母子福祉部会「紀要 No. 14」、109-116。

2024年6月

　　　　　　　　　　　　　　　　　　　　　　　横井　義広

文献一覧

A

阿部彩他（2018）『東京都受託事業子供の生活実態調査詳細分析報告書』首都大学東京　子ども・若者貧困研究センター、24。
（http://www.fukushihoken.metro.tokyo.jp/joho/soshiki/syoushi/syoushi/oshirase/jittaityousabunseki.files/zentaiban.pdf、2018.5.16）。

D

独立行政法人労働政策研究・研修機構編（2017）「第4回（2016）子育て世帯全国調査」
（http://www.jil.go.jp/press/documents/20170914.pdf、2018.5.16）。

F

藤澤大介・中川敦夫・田島美幸（2010）「日本語版自己記入式簡易抑うつ尺度（日本語版 QIDS-SR）の開発」『日本ストレス学会誌』25(1)、43-52。

H

林千代（1992）『母子寮の戦後史―もうひとつの女たちの暮らし―』ドメス出版。

I

石崎和美・朴木佳緒留（2014）「母子生活支援施設における母親のエンパワメントプログラムの開発」『神戸大学大学院人間発達環境学研究科研究紀要』7(2)、191-201。
井上登生（2018）「母子保健における子ども虐待予防」『子どもの虐待とネグレクト』20(1)、52-59。
移住労働者と連帯する全国ネットワーク編（2009）「多民族・文化共生社会のこれから―NGO からの政策提言〈2009年改訂版〉」現代人文社・大学図書、33。
泉谷朋子（2017）「『産前産後母子ホーム』のあり方に関する研究」目白大学　総合科学研究13、41-51。

J

児童福祉施設最低基準（昭和二十三年厚生省令第六十三号）最終改正：平成二十三
　　年十月七日厚生労働省令第百二十七号
　　（https://www.mhlw.go.jp/bunya/kodomo/pdf/tuuchi-04.pdf、2023.8.6)。

K

近藤理恵（2013）『日本、韓国、フランスのひとり親家族の不安定さのリスクと幸せ
　　—リスク回避の新しいシステム—』学文社、140-141。
厚生労働省童家庭局長通知（1998）「児童家庭支援センターの設置運営について」
　　https://www.mhlw.go.jp/web/t_doc?dataId=00ta9237&dataType=1&page
　　No=1(2022.5.12)。
厚生労働省（2000）「社会福祉の増進のための社会福祉事業法等の一部を改正する等
　　の法律の概要」
　　（https://www.mhlw.go.jp/www1/topics/sfukushi/tp0307-1_16.html#no1、
　　2022.9.25)。
厚生労働省（2011）「社会的養護の課題と将来像」児童養護施設等の社会的養護の課
　　題に関する検討委員会・社会保障審議会児童部会社会的養護専門委員会とりま
　　とめ
　　（https://www.mhlw.go.jp/bunya/kodomo/syakaiteki_yougo/dl/08.pdf、
　　2022.8.30)。
厚生労働省（2011）「妊娠期からの妊娠・出産・子育て等に係る相談体制等の整備に
　　ついて」雇用均等・児童家庭局　総務課長通知雇児総発0727第 1 号雇児福発
　　0727第 1 号雇児母発0727第 1 号平成23年 7 月27日)。
　　（https://www.mhlw.go.jp/bunya/kodomo/pdf/dv110805-2.pdf、2018.10.4)。
厚生労働省雇用均等・児童家庭局長（2012）「小規模分園型（サテライト型）母子生
　　活支援施設の設置運営について」
　　（https://www.mhlw.go.jp/bunya/kodomo/pdf/tuuchi-32.pdf、2023.5.20)。
厚生労働省（2016）「平成28年度　全国ひとり親世帯等調査結果報告」28年度
　　（https://www.mhlw.go.jp/file/04-Houdouhappyou-11923000-Kodomokateikyo
　　ku-Kateifukishika/0000190325.pdf、2018.10.5)。
厚生労働省（2016）「児童福祉法等の一部を改正する法律（平成28年法律第63号）」
　　（https://www.mhlw.go.jp/file/06-Seisakujouhou-11900000-Koyoukintoujidouka
　　teikyoku/03_3.pdf、2023.8.2)。
厚生労働省（2017）「全国ひとり親世帯等調査結果報告　平成28年度版」
　　（https://www.mhlw.go.jp/stf/houdou/0000188138.html、2023.7.10)。
厚生労働省（2017）「新しい社会的養育ビジョン」新たな社会的養育の在り方に関す
　　る検討会

（https://www.mhlw.go.jp/file/05-Shingikai-11901000-Koyoukintoujidoukateikyoku-Soumuka/0000173888.pdf、2022.8.30)。

厚生労働省（2018)「都道府県社会的養育推進計画の策定について」
　　(https://www.mhlw.go.jp/content/000477822.pdf、2023.8.3)。

厚生労働省（2018)「乳児院・児童養護施設の高機能化及び多機能化・機能転換、小規模かつ地域分散化の進め方について」
　　(https://www.mhlw.go.jp/content/11920000/000351959.pdf、2023.1.20)。

厚生労働省（2020)　社会保障審議会児童部会児童虐待等要保護事例の検証に関する専門委員会「子ども虐待による死亡事例等の検証結果等について第16次報告」。

厚生労働省（2021)『令和2年度子ども・子育て支援推進調査研究事業　児童養護施設等における外国籍等の子ども・保護者への対応等に関する調査研究報告書』みずほ情報総研株式会社
　　(https://www.mhlw.go.jp/content/11900000/000863977.pdf、2022.9.5)。

厚生労働省（2021)「子どもとその保護者家庭を取り巻く環境に関する論点」
　　(https://www.mhlw.go.jp/content/11920000/000784764.pdf、2022.10.20)。

厚生労働省（2022)「児童養護施設等における自立支援体制の強化について」
　　https://www.pref.tottori.lg.jp/secure/1275832/4zenbun.pdf (2022.5.7)。

厚生労働省（2022)「こども政策の新たな推進体制に関する基本方針のポイント　こどもまんなか社会を目指すこども家庭庁の創設」
　　(https://www.mhlw.go.jp/content/11908000/000872367.pdf、2022.12.15)。

厚生労働省（2022)「こども政策の新たな推進体制に関する基本方針のポイント」
　　(https://www.mhlw.go.jp/content/11908000/000872367.pdf、2022.12.15)。

厚生労働省（2022)「児童福祉法等の一部を改正する法律案の概要」
　　(https://www.mhlw.go.jp/content/000906719.pdf、2022.12.14)。

厚生労働省（2022)「子ども虐待による死亡事例等の検証結果等について　社会保障審議会児童部会児童虐待等要保護事例の検証に関する専門委員会第18次報告」
　　(https://www.mhlw.go.jp/content/11900000/02.pdf、2022.12.14)。

厚生労働省（2022)「令和3年度児童相談所での児童虐待相談対応件数（速報値）」
　　(https://www.mhlw.go.jp/content/000863297.pdf、2022.12.13)。

厚生労働省（2022)「令和3年（2021)人口動態統計（確定数）の概況」
　　(https://www.mhlw.go.jp/toukei/saikin/hw/jinkou/kakutei21/dl/15_all.pdf、2022.12.13)。

M

武藤敦士（2015)「施設数減少からみた母子生活支援施設の研究と実践の課題―戦後母子寮研究からの示唆―」『立命館産業社会論集』51(3)、105-124。

文部科学省（2017)「平成28年度学校基本調査」

（https://www.pref.fukushima.lg.jp/uploaded/attachment/208284.pdf、2018.5.16）。

村本邦子（2001）『シリーズこころの健康を考える　暴力被害と女性―理解・脱出・回復』株式会社昭和堂。

南野奈津子編『いっしょに考える外国人支援―関わり・つながり・協働する―』、明石書店、2020年、27。

みずほ情報総研（2021）「児童養護施設等における外国籍等の子ども・保護者への対応等に関する調査研究報告書」。

三菱 UFJ リサーチ＆コンサルティング（2021）「ヤングケアラーの実態に関する調査研究報告書」。

N

永井道子・荒木田美香子・白井文恵他（2006）「中学生を対象としたコミュニケーション教育プログラムとその効果の検討」『大阪大学看護学雑誌』12(1)、55-62。

日本経済団体連合会『外国人受け入れ問題に関する提言』、2004年（https://www.keidanren.or.jp/japanese/policy/2004/029/honbun.html#s1、2022.9.4）。

内閣官房日本再生総合事務局（2014）『日本再興戦略―JAPAN is BACK』（https://www.kantei.go.jp/jp/singi/keizaisaisei/pdf/saikou_jpn.pdf、2022.9.10）。

日本総研（2022）「Research Eye」（https://www.jri.co.jp/MediaLibrary/file/report/research/pdf/13793.pdf、2022.12.12）。

O

大原美知子・妹尾栄一・今野裕之他（2007）「母子生活支援施設入所中の母親支援の検討―抑うつとの関連―」『厚生の指標』54(10)、7-14。

「夫（恋人）からの暴力」調査研究会編（1998）ドメスティック・バイオレンス［新装版］有斐閣選書。

S

杉本貴代栄・森田明美編著（2009）『シングルマザーの暮らしと福祉政策　日本・アメリカ・デンマーク・韓国の比較調査』ミネルヴァ書房。

桜井茂男（2000）「ローゼンバーグの自尊感情尺度日本語版の検討」『発達臨床心理学研究』12、65-71。

須藤八千代（2007）『母子寮と母子生活支援施設のあいだ―女性と子どもを支援するソーシャルワーク実践―』明石書店。

下村美刈・川崖真知（2009）「DV 被害女性の PTSD リスクおよびロールシャッハにみられる特徴―母子生活支援施設入所中の DV 被害女性を対象として―」『愛

知教育大学研究報告』58、73-78。

出入国在留管理庁『令和2年末現在における在留外国人数について』(2021)
　　(https://www.moj.go.jp/isa/publications/press/13_00014.html、2022.8.30)。

菅佐和子(1984)『SE(Self-Esteem)について』看護研究17、117-123。

政策基礎研究所(2021)「子育て世代にかかる家庭への支援に関する調査研究　報告書」
　　(https://www.mhlw.go.jp/content/000793394.pdf、2023.8.20)。

T

東京都社会福祉協議会母子福祉部会(2017)「紀要」。
東京都社会福祉協議会母子福祉部会(2019)「紀要」。
東京都社会福祉協議会母子福祉部会(2020)「紀要」。
東京都社会福祉協議会母子福祉部会(2022)「紀要」。
東京都児童相談所「事業概要」(2021)
(https://www.fukushi.metro.tokyo.lg.jp/jicen/others/insatsu.files/jigyogaiyo2021.pdf、2023.8.14)。
東京都(2020)「東京都ひとり親家庭自立支援計画第4期」(https://www.fukushi.metro.tokyo.lg.jp/kodomo/hitorioya_shien/hitorioyakeikaku/daiyonki/4kikeikaku.files/dai1syou.pdf、2023.8.14)。

U

内田知宏・上埜高志(2010)「Rosenberg自尊感情尺度の信頼性および妥当性の検討」

W

和田謙一郎・吉中季子(2010)「母子家庭に対する就労支援にかかわる一考察—シングルマザーの就労・自立への途—」『四天王寺大学紀要』50、157-173。

Y

山本他(2013)「児童相談所における保護者支援のあり方に関する実証的研究」日本子ども家庭総合研究所紀要、50、35-58。
横井義広(2020)「母子生活支援施設における『困難』な状況にある母子への支援の考え方と方法」『世界の児童と母性』資生堂社会福祉事業団編87、22-28。
横井義広(2022)「子どもでいられない子ども『3つの傷つき』をもつ母親」「都政新報」2022年5月27日掲載。
横井義広(2023)「社会的養育の今後の進め方について」『社会福祉研究』146、117-119。
横井義広(2020)「社会的養護施設と児童相談所との連携強化—母子生活支援施設の

機能の活用と予防的地域ケアの構築に向けて─」『精神療法』46、（5）。

Z

全国母子生活支援施設協議会編（2009）「母子生活支援施設における支援事例　事例を通じて社会的養護における　母子生活支援施設の機能を考える」社会福祉法人全国社会福祉協議会。
（https://www.mhlw.go.jp/stf/shingi/2r98520000011cpd-att/2r98520000011dcp.pdf、2023.8.6）。

全国母子生活支援施設協議会「社会的養護体系における母子生活支援施設の現代的役割とケアのあり方に関する調査研究報告書」（2009）社会福祉法人全国社会福祉協議会
（https://www.mhlw.go.jp/stf/shingi/2r98520000011cpd-att/2r98520000011dcp.pdf）

全国母子生活支援施設協議会編（2011）「平成22年度全国母子生活支援施設実態調査報告書」社会福祉法人全国社会福祉協議会。

全国母子生活支援施設協議会編（2015）「わたしたちがめざす母子生活支援施設（ビジョン）報告書」
（file:///C:/Users/yokoi/Downloads/siryou_vision.pdf、2023.8.5）

全国母子生活支援施設協議会編（2017）「平成28年度全国母子生活支援施設実態調査報告書」社会福祉法人全国社会福祉協議会。

全国母子生活支援施設協議会編（2019）「平成30年度基礎調査報告書」社会福祉法人全国社会福祉協議会。

全国母子生活支援施設協議会（2019）『産前・産後の母親と子どもへの支援に関する緊急検討委員会報告書』社会福祉法人全国社会福祉協議会。

全国母子生活支援施設協議会編（2021）「全国母子生活支援施設実態調査報告書」社会福祉法人全国社会福祉協議会。

全国母子生活支援施設協議会編（2021）「社会保障審議会児童部会社会的養育専門委員会　法改正を視野に入れた制度改正の検討に対する全国母子生活支援施設協議会の意見（基本的考え方）」社会福祉法人全国社会福祉協議会。
（file:///C:/Users/yokoi/Downloads/basicidea_r3_0917%20(2).pdf、2023.8.3。

全国母子生活支援施設協議会編（2022）「令和4年度全国母子生活支援施設基礎調査報告書」社会福祉法人全国社会福祉協議会。

全国母子生活支援施設協議会編（2023）「令和4年度全国母子生活支援施設基礎調査報告書」社会福祉法人全国社会福祉協議会。

全国児童養護施設協議会編（2019）「今後の児童養護施設に求められるもの　児童養護施設のあり方に関する特別委員会第1次報告書」社会福祉法人全国社会福祉協議会。

（https://www.zenyokyo.gr.jp/wp/wp-content/uploads/2021/06/、2023.8.3）。

全国児童家庭支援センター協議会（2022）（https://zenjikasen.com/、2023.5.28）。

全国家庭養護推進ネットワーク幹事会（2021）「家庭養護の推進に向けた構造改革の
　　必要性（要望書）〜施設の多機能化を中心とした制度改革への提言〜」
　　（https://isephp.org/wp-content/uploads/2021/07/R3.3.5_yobosho.pdf、
　　2022.12.4）。

著者略歴

　1960年、千葉県に生まれる。明治学院大学社会学部社会福祉学科卒業（1984）、ルーテル学院大学大学院総合人間学研究科社会福祉学専攻博士前期課程修了（2021）、社会福祉法人品川総合福祉センター、社会福祉法人武蔵野会児童養護施設武蔵野児童学園児童指導員、社会福祉法人同胞援護婦人連盟児童養護施設こどものうち八栄寮主任児童指導員を経て、現在同法人母子生活支援施設リフレこここのえ施設長。東京家政学院大学非常勤講師。社会福祉士。

　主な論文等：「母子生活支援施設における『困難』な状況にある母子への支援の考え方と方法」（2020）『世界の児童と母性』資生堂社会福祉事業団、「社会的養護施設と児童相談所との連携強化—母子生活支援施設の機能の活用と予防的地域ケアの構築に向けて—」（2020）『精神療法』、「母子生活支援施設の入所者における相対的剥奪の実相」2021『貧困研究』26。一般社団法人日本児童養護実践学会編（2023）「Q&A 社会的養育の実践—困難を抱える子ども・子育て家庭の支援」株式会社ぎょうせい、75-82。等。

母子生活支援施設の研究
—高機能化・多機能化をめざして—

2024年7月30日　初版発行

　　　　　　　　　　　　　　　　　　著　者　横井　義広
　　　　　　　　　　　　　　　　　　発行者　鈴木　康一

発行所　株式会社 文化書房博文社
〒112-0015　東京都文京区目白台１－９－９
電話　03-3947-2034　振替　00180-9-86955
URL http://user.net-web.ne.jp/bunka/index.asp
印刷／製本　昭和情報プロセス㈱

ISBN978-4-8301-1336-9　C1036